# SAMMLUNG SCHWEIZERISCHER RECHTSQUELLEN

HERAUSGEGEBEN
AUF VERANSTALTUNG DES SCHWEIZERISCHEN JURISTENVEREINS
MIT UNTERSTÜTZUNG DES BUNDES UND DER KANTONE

## IX. ABTEILUNG
## DIE RECHTSQUELLEN DES KANTONS FREIBURG

# LES SOURCES DU DROIT SUISSE

RECUEIL
PUBLIÉ SOUS LES AUSPICES DE LA SOCIÉTÉ SUISSE DES JURISTES
AVEC L'APPUI DE LA CONFÉDÉRATION ET DES CANTONS

## IX^e PARTIE
## LES SOURCES DU DROIT DU CANTON DE FRIBOURG

# LES SOURCES DU DROIT DU CANTON DE FRIBOURG

PREMIÈRE SECTION

## LE DROIT DES VILLES

TOME TROISIÈME

## LE DROIT DE BULLE

PUBLIÉ PAR

BERNARD DE VEVEY

AVOCAT AU BARREAU DE FRIBOURG

ARAU

H. R. SAUERLÄNDER & Co., IMPRIMEURS-ÉDITEURS

1935

# Avant-propos.

Nous consacrons le troisième volume des sources du droit du canton de Fribourg à la ville de Bulle, chef-lieu du district de la Gruyère.

Les archives de Bulle nous ont fourni le plus grand nombre de documents. Ces archives, comme celles de nombreuses petites villes, sont malheureusement dans le désordre le plus complet. Deux classements y ont cependant été faits, reconnaissables aux cotes inscrites sur les pièces. Le premier classement paraît dater du XVIII$^e$ siècle (lettre majuscule et numéro); le second a dû être entrepris au début du XIX$^e$ siècle par Jean-Joseph Combaz (1772—1846), qui nous en a laissé un catalogue[1] (tiroir et numéro). Nous avons indiqué ces deux cotes, qui actuellement ne correspondent plus à rien.

Nous avons ensuite consulté les Archives d'Etat de Fribourg. Quelques sources proviennent enfin des Archives cantonales vaudoises.

Bulle était une ville épiscopale; ce caractère lui est resté. Aussi, ne s'étonnera-t-on pas de trouver plusieurs textes qui paraissent intéresser en premier lieu le droit ecclésiastique: nous avons crû devoir publier ceux qui ont pu exercer une certaine influence sur la vie publique de la petite cité.

Pour la publication, nous avons suivi la méthode usitée jusqu'à ce jour pour les sources du droit suisse. Les actes déjà publiés ont tous été collationnés. Nous donnons chaque fois la description de l'original, l'indication du dépôt où il se trouve, la description des sceaux, la mention des vidimus et copies, l'indication des recueils où la pièce a été imprimée et des regestes qui en donnent l'analyse. La première dimension indiquée se rapporte à la largeur, et la

[1] Actuellement au Musée gruérien Ex. L. 18.

seconde à la hauteur, y compris l'onglet. Autant que possible, nous avons laissé à chaque document le titre original qu'il porte.

Il nous serait bien difficile de remercier ici toutes les personnes qui, à un titre quelconque, nous ont prêté leur concours. Notre reconnaissance va en premier lieu aux autorités communales de Bulle qui ont tout fait pour nous permettre de mener ce travail à bonne fin. M^elle^ Jeanne Niquille, docteur ès lettres, et M. Georges Corpataux, archivistes à Fribourg, ont bien voulu nous aider à revoir un grand nombre de textes. Nous tenons, enfin, à exprimer notre gratitude à M. Maxime Reymond, archiviste, et à M. Paul Aebischer, professeur, à Lausanne, qui nous ont permis de vérifier les documents qui se trouvent aux Archives cantonales vaudoises.

Fribourg, septembre 1934.

**B. de Vevey.**

# Sources utilisées

## I. Manuscrits

**Bulle** 1. Archives communales:
- a) Titres (parchemins et papiers).
- b) Livre de la Ville.
- c) Livre des serments.
- d) Manuaux de la Bourgeoisie, 7 vol. 1689—1804 (M.B.).

2. Musée gruérien:
Annalise des archives de la noble Bourgeoisie et ville de Bulle, man. de Jean-Joseph COMBA, in fol. 117 p. 1818; cote Ex L 18 (Comba).

**Gruyères** Archives communales.

**Fribourg** Archives d'Etat:
- a) Archives commissariales, titres de Bulle, de Corbières, de la Part-Dieu.
- b) Rathserkanntnüssenbücher (R. E.).
- c) Livre du château de Bulle.
- d) Manuaux du Conseil.
- e) Législation et variétés.
- f) Affaires ecclésiastiques.
- g) Grosses de Bulle.
- h) Quernets.
- i) Registres des notaires.
- j) DAGUET Extraits historiques.

**Lausanne** Archives cantonales vaudoises:
- a) Registres de la période savoyarde et épiscopale (Lettre A).
- b) Registres de l'évêché et du chapitre (Lettres Ac).
- c) Collection des parchemins (Lettre C).
- d) Titres de Fribourg.

## II. Ouvrages imprimés

ÆBISCHER Paul *Notes sur les routes romaines du canton de Fribourg*, dans la *Revue d'histoire suisse* 1930 p. 173.

Annales fribourgeoises. Fribourg 1913 ss. (AF).

Archives de la société d'histoire du canton de Fribourg. Fribourg 1845 ss. (ASHF).

BESSON M. *Contribution à l'histoire du diocèse de Lausanne sous la domination franque.* Fribourg 1908.

Cartulaire du chapitre de Notre-Dame de Lausanne, dans MDR 1e série VI. Lausanne 1851.

DELLION P. Apollinaire *Dictionnaire historique, statistique des paroisses catholiques du canton de Fribourg*, 12 vol. Fribourg 1884—1902 (les vol. XI et XII par François Porchel).

Dictionnaire historique et biographique suisse, 7 vol. et suppl. Neuchâtel 1921—1934 (DHBS).

DE DIESBACH Max *Regeste fribourgeois*, dans ASHF X, et tirage à part. Fribourg 1913 (RF).

DUBOIS Fréd.-Th. *Armoiries des terres et bailliages de la république et canton de Fribourg*, dans NEF 1911 p. 1.

— *Détails circonstanciés de ce que les Bullois firent en 1536, époque où ils passèrent sous Fribourg*, dans AF VII p. 29.

— *Reconstitution du plan ancien de la ville de Bulle et de son enceinte*, dans AF VIII p. 15.

DUPRAZ Louis *Date de deux documents carolingiens du Cartulaire du chapitre de Notre-Dame de Lausanne*, dans AF XXII p. 90.

Etrennes fribourgeoises, 4 vol. Fribourg 1806—1809.

Fontes rerum bernensium, 9 vol. et table. Berne 1877—1908 (FRB).

FOREL François *Regeste . . . de documents relatifs à l'histoire de la Suisse Romande*, dans MDR 1e série XIX. Lausanne 1862 (RR).

Freiburger Geschichtsblätter. Fribourg 1894 ss. (FGB).

Fribourg artistique à travers les âges, 25 vol. Fribourg 1890—1914 (FA).

de GINGINS Frédéric et FOREL François *Recueil de chartes, statuts et documents concernant l'ancien évêché de Lausanne*, dans MDR, 1e série VII. Lausanne 1846.

GREMAUD J. *Notice historique sur la ville de Bulle*, dans ASHF III p. 5.

HIDBER B. *Schweizerisches Urkundenregister*, 2 vol. Berne 1863—1867 (Hidber).

HISELY J.-J. *Les comtes de Genevois*, dans MIG, vol. II. Genève 1854.

— *Histoire du comté de Gruyère*, dans MDR 1e série IX, X et XI. Lausanne 1851—1857.

— et GREMAUD J. *Monuments de l'histoire du comté de Gruyère*, dans MDR 1e série XXII et XXIII. Lausanne 1867—1869.

H. R. *L'ancienne porte d'en Haut, à Bulle*, dans *Le Chamois* III no 9.

KIRSCH J.-P. *Die ältesten Pfarrkirchen des Kantons Freiburg*, dans *Pages d'histoire* p. 291 et dans FGB XXIV p. 75.

KUENLIN F. *Dictionnaire géographique, statistique et historique du canton de Fribourg*, 2 vol. Fribourg 1832.

Le Chamois, journal mensuel. Hauterive, Bulle, Stuttgart 1869—1872.

MATILE Georges-Auguste *Monuments de l'histoire de Neuchâtel*, 2 vol. Neuchâtel 1844 et 1848.

Mémoires de l'Institut national genevois. Genève 1853 ss. (MIG).

Mémoires et documents publiés par la société d'histoire de la Suisse romande. Lausanne, 1e série 39 vol. 1838—1898; 2e série 1887 ss. (MDR).

Mémorial de Fribourg, 6 vol. Fribourg 1854—1859.

Mittheilungen der antiquarischen Gesellschaft in Zürich. Zürich 1841 ss.

Nouvelles étrennes fribourgeoises. Fribourg 1865 ss. (NEF).

Pages d'histoire, publiées par les sociétés d'histoire de Fribourg à l'occasion du premier congrès suisse d'histoire et d'archéologie. Fribourg 1918.

PEISSARD N. *Notes sur l'archéologie préhistorique de la Gruyère*, dans AF II p. 241.

RÆMY de BERTIGNY Héliodore *Bulle, un chapitre de la Gruyère*. Fribourg 1867.

R[EICHLEN] J[oseph] *Découverte d'une monnaie romaine à Bulle*, dans *Le Chamois* I no 1.

— *Bulle*, dans *Le Chamois* I nos 6 et 7.

Revue d'histoire suisse (Zeitschrift für schweizerische Geschichte). Zurich 1922 ss.

SCHNELL J. *Die Rechtsquellen des Cantons Freiburg*, dans ZSR 1e série XXI et XXII.

SCHULTHESS E. *Die Städte- und Landes-siegel der Schweiz*, dans *Mitteilungen der antiquarischen Gesellschaft in Zürich* IX. Zurich 1853—1856.

ZAPF *Monumenta anecdota historiam Germaniae illustrantia*. Augsburg 1785.

ZEERLEDER Carl *Urkunden für die Geschichte der Stadt Bern*, 3 vol. Berne 1853—1855.

Zeitschrift für schweizerisches Recht. Bâle, 1e série 22 vol. 1852—1881; 2e série 1882 ss. (ZSR)

# Table des matières

Les documents marqués d'un astérisque (*) ne sont donnés qu'en regeste.

*Bulle*[1], *ville de 4110 habitants*[2], *est actuellement le chef-lieu du district de la Gruyère.*

*Comme pour beaucoup de villes, son origine est inconnue. La Gruyère ne paraît pas avoir été habitée à l'époque néolithique. Quelques trouvailles de l'âge du bronze et de la période de Hallstatt II ont été faites dans la contrée*[3]. *La domination romaine n'a laissé presque aucune trace, bien que l'emplacement de Bulle semble avoir été le point d'aboutissement de plusieurs routes*[4].

*La paroisse de Bulle existe indiscutablement en 860*[5]. *Elle doit, cependant, être antérieure. En effet, le 30 avril 515 (ou 516?), le roi Sigismond donne au couvent de Saint-Maurice d'Agaune de nombreuses propriétés, entre autres* Wadingum, *soit Vuadens*[6]. *Or, Vuadens a fait partie de la paroisse de Bulle jusqu'en 1602: cette dépendance de Vuadens à l'égard de Bulle suppose l'existence de Bulle comme paroisse en 515 déjà, car si cette paroisse n'avait pas existé alors, les religieux de l'abbaye de Saint-Maurice auraient certainement établi le culte chrétien à Vuadens, et ce village serait devenu lui-même alors déjà une paroisse*[7].

*La situation de Bulle, entre la Haute et la Basse-Gruyère, au débouché des vallées de Château-d'Oex, de Charmey, de la Roche et Corbières, de Vuippens et Riaz, devait en faire une place de marché importante. Le voisinage immédiat de la ville comtale de Gruyères et le partage de la seigneurie temporelle de Bulle entre l'évêque de Lausanne et le comte de Gruyère furent une source de conflits au sujet du marché de Bulle, conflits qui se terminèrent en 1195 ou 1196*[8] *par l'abandon, de la part*

---

[1] Anciennes formes: Butulum 860 (MDR Ie série vol. VI p. 201), 867—868 (idem p. 203); Bullum, Boullum, Bollum XIIIe siècle (idem, passim); Buloz, Bulloz (XVIe siècle): c'est la forme patoise actuelle; en allemand Boll. L'étymologie du nom n'a pas été étudiée.

[2] Recensement du 1er décembre 1930.

[3] N. PEISSARD *Notes sur l'archéologie préhistorique de la Gruyère*, dans AF II p. 241.

[4] P. ÆBISCHER *Notes sur les routes romaines du canton de Fribourg* dans la *Revue d'histoire suisse* X p. 173 ss.

[5] Voir ci-dessous n° 1.

[6] RF p. 1, et la bibliographie qui y est mentionnée. J.-P. KIRSCH *die ältesten Pfarrkirchen des Kantons Freiburg* dans *Pages d'histoire*, p. 291 ss. 307, 317—324, et dans FGB XXIV p. 75 ss.

[7] J. GREMAUD *Notice historique sur la ville de Bulle*, dans ASHF III p. 5. Cette étude est la plus complète que nous possédions: nous la citons ici, une fois pour toutes.

[8] Voir ci-dessous n° 3.

*du comte Rodolphe de Gruyère en faveur de Roger, évêque de Lausanne, de tous ses droits sur Bulle; en outre, mercatum vero de Bullo ipse comes et sui juraverunt perpetuo firmiter tenere, et mercatum de Grueri, quod sui usurpaverant imperpetuum abjuraverunt.*

*Cette place de marché donna à Bulle sa physionomie caractéristique: rectangle très allongé, traversé par trois rues dans le sens de la longueur, dont une principale aboutissant aux deux portes de l'enceinte. Ce plan typique d'une ville de foires rappelle celui de Neunkirch, d'Aarberg, de La Neuveville, du Landeron, etc. Il y avait trois rues principales, avec cinq rangs de maisons désignés autrefois sous les noms de: 1° rang de l'Hôpital, ou du côté de Bouleyre, ou de l'Orient; 2° rang du milieu du côté de Bouleyre; 3° rang du milieu du côté du Mont; 4° grand rang du côté du Mont, ou de l'Occident, et 5° rang de Mauborget. La plus grande partie de l'enceinte était formée par les murs extérieurs des maisons des rangées extérieures. L'extrémité sud de la ville était défendue par le château et le côté nord par une muraille libre, aujourd'hui disparue. Malgré les incendies de 1447, 1805 et 1864, ce plan n'a pas été modifié*[1].

*Dès 1195 ou 1196, l'évêque de Lausanne est seul maître de Bulle. Il le demeura jusqu'à la conquête du Pays de Vaud en 1536. La prestation du serment de fidélité de Bulle à LL. EE. de Fribourg, le nouveau seigneur, eut lieu le 14 janvier 1537*[2].

*Dès lors, Bulle forma un baillage pendant tout l'ancien régime. Chef-lieu d'un district qui porta son nom de 1798 à 1847, Bulle est depuis 1848 chef-lieu du district de la Gruyère.*

* * *

*L'évêque de Lausanne exerçait sa souveraineté par deux officiers principaux: le châtelain et le mayor.*

*Le châtelain*[3] *représentait le seigneur et était nommé par lui. Il avait la garde du château et, dans la règle, percevait les revenus du seigneur. En outre, il rendait la justice, assisté d'une cour composée d'hommes de la châtellenie; on appelait du châtelain au bailli de Lausanne.*

---

[1] FRÉD.-TH. DUBOIS *Reconstitution du plan ancien de la ville de Bulle et de son enceinte*, dans AF VIII p. 15.

[2] Pour le détail de ces événements, voir l'*Annalise des archives de la noble Bourgeoisie et ville de Bulle* 1818, par JEAN-JOSEPH COMBA (déposée au Musée Gruérien) p. 53 à 61, et publication par FRÉD.-TH. DUBOIS, dans AF VII p. 29.

[3] Voir COMBA op. cit. p. 39; *Mémorial de Fribourg* IV p. 15.

*Il pouvait se faire remplacer par un lieutenant de châtelain et avait un métral sous ses ordres.*

*Le mayor*[1] *est administrateur des biens de l'évêque et rend la justice inférieure; on appelle de son jugement au châtelain. Les droits et obligations de ce fonctionnaire sont énumérés dans l'hommage que prêta Pierre de Prez le 10 octobre 1483 pour la mayorie de Bulle*[2].

*Son office était un fief héréditaire qui appartint d'abord à la famille de Bulle. La mayorie passa ensuite à Othon de Langins (1425), puis aux familles de Prez, Pavillard et enfin à l'Etat de Fribourg (1544)*[3].

*La salterie et les ventes, ainsi que la garde des portes étaient également données en fief.*

*L'existence de la commune ou bourgeoisie est constatée dès le début du XIV*e *siècle. Bulle jouissait de libertés et franchises semblables à celles de Lausanne*[4]. *L'organisation municipale était très simple: La bourgeoisie se réunissait en assemblée plénière*[5] *aussi souvent que cela était nécessaire pour prendre les décisions importantes. A sa tête se trouvait le gouverneur (gubernator, sindicus, preceptor, commendatarius), dont il était primitivement l'organe exécutif et dont il tenait les comptes. La Bourgeoisie nommait les fonctionnaires ou employés, tels que les bergers, forestiers, recteur de l'hôpital, taxeurs des repais, les 4 prud'hommes, les correcteurs des comptes du gouverneur, ohmgeiteurs, mussilliers, etc. Le banneret était nommé par le Conseil de Fribourg sur présentation de la Bourgeoisie.*

*Cependant, le 31 décembre 1774, la Bourgeoisie institua la Chambre (qui prit le nom de Petit Conseil dès 1795) pour s'occuper des affaires courantes et dont les décisions devaient toutefois être soumises à la ratification de l'assemblée générale.*

*Dès que Bulle fut soumise à Fribourg, la justice fut rendue par le bailli, ou son lieutenant, assisté de 12 jurés.*

* * *

[1] Voir COMBA op. cit. p. 39.
[2] Voir ci-dessous n° 40.
[3] Voir ci-dessous n° 53.
[4] Voir la confirmation du 26 octobre 1397, ci dessous n° 18.
[5] L'assemblée elle-même portait le nom de *Bourgeoisie*.

*Quant au droit privé, Bulle était régi par la coutume de Lausanne, et cela certainement dans sa rédaction primitive de 1368*[1] *comme le montre la confirmation du 26 octobre 1397 mentionnée plus haut. Dès le XVII*ᵉ *siècle, on appliqua le droit de Fribourg, dont le principal texte fut la Municipale*[2].

* * *

*Aucune étude systématique n'a encore été publiée sur les armoiries et le sceau de Bulle. Le plus ancien document paraît être la fresque, aujourd'hui detruite, qui se trouvait au-dessus de la porte d'entrée du château de Bulle. Cette peinture, exécutée en 1540, représentait un écu chargé d'un taureau. Au début du XVII*ᵉ *siècle, la ville se fit confectionner un sceau et un contre-sceau. Le seau rond 31 mm., et le contre-sceau, rond 19 mm., en argent, sont réunis par une chaînette d'argent également*[3]. *Ils nous donnent tous deux un écu chargé d'un taureau passant sur une terrasse herbeuse. La légende du sceau est* S ✱ BVLOZ ✱*; celle du contre-sceau est* ✱ B ✱. *Nous n'avons trouvé aucun document scellé par la ville de Bulle.*

*Ces armoiries subirent plusieurs variantes: dès la fin du XVI*ᵉ *siècle, nous trouvons un coupé d'argent au taureau de gueules, et de gueules*[4]. *Peut-être est-ce la terrasse qui s'est développée et a fini par former le coupé? A la fin du XVIII*ᵉ *et au début du XIX*ᵉ *siècle, le 2 du coupé a été parfois remplacé par un palé de gueules et d'argent. Il est possible que nous trouvions là un rappel des armoiries de la famille de Bulle*[5].

[1] Plaid général de Lausanne, publié dans MDR 1ᵉ série, VII p. 208 ss.

[2] Pour le développement de la codification du droit de Fribourg, voir *die Rechtsquellen des Cantons Freiburg* par J. SCHNELL, dans *Rechtsquellen und alte schweizerische Rechtsliteratur,* ZSR Iᵉ série XXI, spécialement p. 8 ss., et XXII. La *Municipale* a été publiée dans ZSR 2ᵉ série, XV, XVI, XVII, et tirage à part.

[3] Ils sont déposés au Musée gruérien, à Bulle. Le sceau est reproduit par E. SCHULTHESS *die Städte- und Landes-siegel der Schweiz,* dans *Mitteilungen der antiquarischen Gesellschaft in Zürich,* IX (1853—56) p. 97.

[4] Ce sont les armoiries actuelles de Bulle. Voir FRÉD.-TH. DUBOIS *Armoiries des terres et bailliages de la république et canton de Fribourg,* dans NEF 1911 p. 1 ss.

[5] La plupart des renseignements sur les armoiries de Bulle nous ont été donnés par M. Henri Naef, conservateur du Musée gruérien, à Bulle.

## 1. Iudicium et definitio de decimatione de Butulo.[1]
## Existence de la paroisse de Bulle.

860 III 28. Curtilles.

Cum resedisset domnus venerabilis Hartimannus Lausonensis urbis episcopus in Escarlingus villa, ad dedicationem capelle in honore sancte Marie, et ibi pro hac dedicatione conuentum sacerdotalem quem ad Butulo matre ecclesie habere solebat, ibi adtetendidit, ibique ueniens presbiter nomine Leodandus, in uoce reclamationis contra Fredolonem presbiterum repetebat ei quod ipse ipso anno recepisset decimas de curte nuncupante Marsingus, et Escarlingus, uel inter duos Iuricinus, Vuipedingus, et Villare Elingerio, et Villare Aldrico, et Villare Rantwico, quod ipse Leudandus ante Hartmanno episcopo, seu antecessor suus Heldolfus ante Dauid episcopo euindicauerunt. Et ipsas noticias adprehensos tendidit. Et ipsas decimas malo ordine recepisset. Unde se per manum Salomonis presbiteri affirmauit et de [n]ouo eum remalauit. Set predictus Fredolonus presbiter in suo responsum dixit quod ita non esset, quia de iam memoratas villas nullas decimas non recepisset in ipso anno, nec per hoc ipsas ei reddere non deberet. Tunc ipsi sacerdotes secundum canonicam auctoritatem decreuerunt iudicium ut in proximo sinodo, sicut canones docent, cum suis iuratoribus hoc ostenderet, et securus resedisset. Si autem non potuisset hoc iuramentum non perficere per manum supra fideiussore suo, faciat exinde quod lex est.

Nuper uero ueniens in Curtilia sinodo ante iam prefato episcopo, tunc interrogauit eum episcopus si suos coniuratores habuisset annon. Ipse uero respondens dixit quod ad ipsum placitum minime perportare non potuisset. Tunc ipse episcopus precepit illis sacerdotibus ut exinde secundum legem iudicassent. Tunc ipsi sacerdotes iudicauerunt ut ipsas decimas una cum lege redderet. Tunc quoque in presente reddidit secundum legem, et fideiussores eius Lardradus et Gysono prebuerunt ad soluendum, quod et transsoluit his presentibus:

Hartimannus episcopus presens fuit.

Adigarius presbiter presens fuit. Gysolnus diaconus presens fuit.

---

[1] *Nous donnons le texte publié par* BESSON Contribution à l'histoire du diocèse de Lausanne, *mais en rétablissant la graphie du Cartulaire.*

Arulfus presbiter presens fuit.

Lerdrat presbiter presens fuit.

Ericus presbiter presens fuit.

Amilbertus diaconus presens fuit.

Farulfus diaconus presens fuit.

Sig. Baldigerio testis.

Amalricus presens testis.

Ratulfi testis.

Sig. Fredario testis.

Ego in Dei nomine Ayriboldus diaconus scripsi et subscripsi, dataui hanc noticiam V kalendas aprilis, anno I regnante Ludouico imperatore.

*Original:* perdu.

*Copie:* dans le Cart. N.-D. de Lausanne, MDR 1e série VI p. 201.

*Impr.:* ZAPF *Monumenta anecdota* p. 8 n° IV; MDR précité; BESSON *Contribution à l'histoire du diocèse de Lausanne* p. 134.

*Regeste:* RR p. 22 n° 59; HIDBER I p. 98 n° 509; RF p. 1.

*Date:* elle nous est donnée par DUPRAZ *Date de deux documents carolingiens*, dans AF XXII p. 90.

## 2. Investiture des dîmes de Bulle.[1]

867 IX 28 — 868 IX 29.

Vestitura de eadem re.

In Christi nomine. Noticia qualiter in uilla Curtilia in sinodo uenerabile Hartimannum episcopum seu etiam ceterorum fratrum qui ibidem secundum canonicam auctoritatem congregati erant, Teutlandus presbiter de uilla Butulum, rogantem iam predictum episcopum et ceterorum fratrum, Leutramno presbiter de uilla Vuipedingus decimas sancti Eusebii de Supra Uilla ei in beneficio prestauerunt. Item Vuipedingus et inter duos Iuricinos, et Uillare Elingerio, et Uillare Altrico, et Uillare Randonuico.

Arulfus presbiter presens fuit.

Adigarius presbiter presens fuit.

Salomon presbiter presens fuit.

Siewenus presbiter presens fuit.

Amalbertus diaconus presens fuit.

Arulfus diaconus presens fuit.

Facta noticia regnante domno nostro Lothario rege, anno XIII.

*Original:* perdu.

*Copie:* dans le Cart. N.-D. de Lausanne; MDR 1e série VI p. 203.

---

1 *Nous donnons le texte publié par* BESSON Contribution à l'histoire du diocèse de Lausanne, *mais en rétablissant la graphie du Cartulaire.*

*Impr.:* ZAPF *Monumenta anecdota* p. 12 n° V; MDR précité; BESSON *Contribution à l'histoire du diocèse de Lausanne* p. 137.

*Regeste:* RR p. 24 n° 68; RF p. 1.

*Date:* elle nous est donnée par DUPRAZ *Date de deux documents carolingiens*, dans AF XXII p. 90.

## 3. Renonciation de Rodolphe, comte de Gruyère, à ses droits sur Bulle. Abolition du droit de suite. Maintien du marché de Bulle et suppression de celui de Gruyères.

1195 ou 1196. Riaz.

Rog[erius], Dei gratia Lausannensis episcopus, omnibus scire uolentibus rei geste memoriam. Sciant tam presentes quam posteri quod dominus Rodulfus comes Gru-|ieri et filii sui Willermus, Petrus et Rodulphus, Agnes comitissa et filie sue omnes, pro injuriis et dampnis que nobis et ecclesie nostre intulerant in | uilla de Bullo et pertinentiis eius, donauerunt et guerpiuerunt quicquid habebant vel calumpniabantur in dicta uilla de Bullo et in appendiciis eius,| ab aqua que uocatur Trema, in hominibus et feminis, terris, nemoribus et omnibus quecunque ipsi vel aliquis pro eis habebat vel calumpniabatur, preter nemus | de Boleri, quod, ut a nostris recognitum est, idem comes habebat in wadio pro X libris de Manseis. Ipse vero dictus comes dicebat esse de feodo suo, | sed nunquam potuit probari neque per testes neque per scriptum, neque tunc neque postea. Facta est autem conuentio de mulieribus quod si que de feminis suis tran-|sirent in uillam nostram de Bullo citra Tremam non debet eas sequi, et si nostre transirent in potestatem suam non debemus eas sequi, sed a nobis eas in feo-|do habent[1], si vero retransierint, quiete sint. Convenit etiam quod omnia que homines sui habebant in potestate de Bullo, sive in terra sive in censu vel | in aliquo servicio, compensarent eisdem hominibus alibi, ita quod nobis et ecclesie nostre quiete et pacifice imperpetuum remanerent. Mercatum vero de Bullo| ipse comes et sui jurauerunt perpetuo firmiter tenere, et mercatum de Gruieri, quod sui usurpauerant, imperpetuum abjuraverunt. Huic conventioni | interfuerunt Willermus de Blonai, Nantelmus de Escublens, Vmbertus de Pont, Willermus de Orsenens, canonici Lausannenses, Vmbertus comes | Gebennensis, Vldricus de Corberes, Petrus, Vldricus et Vmbertus fratres de Escublens, Lodovicus Dapifer, Giroldus frater eius, Cono, maior de Curtilli, | Rodulfus, maior de Bullo,

[1] *Sic, pour* habeat.

Petrus de Willens, Guido et Falco, fratres, milites, Girardus de Burgo, Willermus Gutturosus, burgenses.| Actum est hoc in uilla de Rota en Ogo.

*Original:* parch. 24,5/9,5 cm.; Arch. cant vaudoises C IV n° 15.
*Sceau:* détruit.
*Impr.:* MDR 1e série XXII p. 24 n° 22; MIG II p. 95.
*Regeste:* MDR 1e série IX p. 174, X p. 31; RF p. 37; RR p. 176 n° 769.
*Date:* elle a été établie par J.-J. HISELY, MDR 1e série X p. 32—33.

## 4. Foires de Bulle et de Gruyères.

1216 VI 6. Neuchâtel.

Ulricus, comes, et Bertodus nepos eius, domini Novi Castri, omnibus presentes litteras inspecturis rei geste memoriam. Sciant tam presentes quam posteri quod super controversia que vertebatur inter dominum Bertodum, Lausannensem episcopum, et Rodulphum, comitem de Gruere, pro foro quod idem comes injuste tenebat apud Gruere, nobis mediantibus talis compositio intercessit: dominus si quidem episcopus dedit nominato comiti quadraginta libras, dictus vero comes et filius suus Rodulphus in manu dicti domini episcopi forum memoratum guerpiverunt, juramento firmantes, se nunquam in posterum dictum forum habituros, nisi de consensu et voluntate domini episcopi vel successorum suorum illud obtinerent, jurantes etiam forum de Bullo bona fide tenere imperpetuum et servare. Huic compositioni interfuerunt Cono prepositus, magister Alanus, canonicus Lausannensis, Josephus, sacerdos Sancte Crucis, Galterus de Granson, Vulliermus et Reynaldus de Estavaye, fratres, Petrus de Font, Reynaldus de Font, Joranus de Rupe, Jacobus de Ponte, Nicolaus, filius dapiferi, milites.[1] Actum apud Novum Castrum in claustro, anno incarnationis dominice MCCXVI, octavo idus junii. Quod ut ratum et firmum permaneat presens scriptum sigillis nostris et sigillo comitis Gruerie fecimus roborari.

*Original:* perdu.
*Vidimus:* du 21 octobre 1542[2], aux Arch. de Bulle, perdu.
*Impr.:* du vidimus 1° MATILE *Monuments de l'histoire de Neuchâtel* II p. 1140 n° MCCCI; 2° MDR 1e série XXII p. 28 n° 25.
*Regeste:* Cart. N.-D. Lausanne MDR 1e série VI p. 46 et 480[3]; RF p. 42 et 45[4]; RR p. 196 n° 876.

---

[1] Hisely *donne la lecture* militis. [2] *D'après* Comba p. 7.

[3] *Le* Cartulaire *donne à la p. 46* XL libras, *et à la p. 480* XI libras. *Ce dernier chiffre doit être une erreur de scribe ou une faute de lecture.*

[4] RF *voit deux actes distincts dans celui qui est publié ici et celui qui est indiqué, sans date, dans le* Cartulaire *p. 46 et 480.*

**5.** *L'église de Bulle est l'une des églises paroissiales du décanat d'Ogoz, dans le diocèse de Lausanne.* — 1228 IX 15.

Cart. N.-D. Lausanne MDR $1^{e}$ série VI p. 23; FRB II p. 91 (n° 77); ZEERLEDER *Urkunden* I p. 244 ss n° 158; RF p. 54.

## 6. Construction des remparts.

1230—1239.[1]

... Hic [Bonefacius episcopus Lausannensis] fecit fieri muros castri de Vilarsel et muros de Boullo, et transtulit villam de Cortilia in loco qui dicitur Rochi et bastiuit eam ...

Cart. N.-D. Lausanne MDR $1^{e}$ série VI p. 49; RF p. 67.

## 7. Personnat de l'église de Bulle.

1274 VI 9.

Viris venerabilibus et discretis domino preposito et capitulo Lausannensibus abbas de Humilimonte salutem et se ad eorum beneplacitum preparatum. Noueritis quod super inquisitione de qua facienda nuper per vestram litteram nos rogastis, dominus Vldricus, incuratus de Corsie, juratus et interrogatus dixit quod ille qui recipit personatum ecclesie de Bollo, debet in decima terre et in ipsa terra, in pratis, in censibus et in elemosinis super tres solidos excedentes accipere duas tercias partes, capellano de Bollo alia tercia parte tantummodo reseruata, in elemosinis autem trium solidorum et infra, in oblacionibus, excepto denariorum, panis benedicti, in decimis nascentium et denariis confessionum et messe et coruatis et in receptione nuptiarum dimidiam partem et in candelis terciam partem, in triginta denariis qui dantur pro se nichil nisi quando commiscentur in aliqua elemosina, videlicet quando parrochianus dicto presbitero aliquod animal uel huiusmodi pro omnibus suis beneficiis, quoniam tunc presbiter elemosina non debet specialiter dictos triginta denarios extrahere, immo debet equaliter per medium diuidere illi qui receperit personatum. Oblationes aduenientes in festo apostolorum Petri et Pauli, quod est festum ecclesie predicte, sunt communes presbiteris et clericis ibidem congregatis. De collectis ex parte domini pape uel suorum legatorum eidem ecclesie impositis debet ille qui reciperit personatum persoluere medietatem. De aliis collectis factis ex parte domini episcopi

[1] *Ces deux dates sont celles du début et de la fin de l'épiscopat de l'évêque Boniface.*

uel decani nichil tenetur soluere. Preterea dixit quod curatus de Bollo non debet inducere parochianum suum quod faciat sibi elemosinam specialem, quoniam si faceret, teneretur reddere medietatem illius illi qui personatum reciperet. Interrogatus quomodo hec omnia sciret, dixit quod ita uidit et audiuit fieri per viginti annos et amplius. Rodulphus de Bollo, clericus juratus et interrogatus, similiter dixit hoc idem per omnia. Petrus de Bottens, juratus et interrogatus, similiter dixit hoc idem per omnia. Datum anno Domini MºCCºLXXº quarto, sabbato proximo ante festum beati Barnabe apostoli.

*Original:* perdu.
*Transcription:* Arch. cant. vaudoises, Ac nº 11 fol. LXVI.
*Impr.:* ASHF III p. 70 nº II.
*Regeste:* RF p. 122.

## 8. Traité de paix entre Bulle et Rue.

1313 VII.

Nos Willermus dictus Mestes, Jacotus dictus de Martrant, Perrodus, filius Vldrici dicti Maliar, de Rota castro, Perreta, uxor | dicti Willermi, et Bruseta, uxor quondam Rodulphi, filii dicti Willermi, notum facimus universis: quod cum discordia, briga et contentio | esset exorta et mota sunt [inter][1] illos de Bulloz, dominii episcopatus Lausannensis, ex una parte, et illos de Rota castro, dominii illustris viri domini | Ludouici de Sabaudia, ex altera, super quadam vadiatione animalium olim facta per illos de Bulloz super illis de Rota castro predicto, in | qua vadiatione dictus Rodulphus quondam filius meus dicti Willermi Mestes fuit adeo vulneratus quod mors exinde extitit subse-|cuta, nosque Jacotus et Perrodus predicti in dicta vadiatione fuimus vulnerati, tandem multis et diuersis tractatibus habitis et locutis | per personas communes, ydoneas et solempnes, hinc et inde a dictis partibus concorditer electas ad sedandum et pacificandum discordiam, | brigam et contentiones predictas, discordia, briga et contentio predicte, ne deterius inde contingeret, sedate, sopite, pacificate | fuerunt et sunt pro bono pacis in hunc modum: quod nos Willermus dictus Mestes, Jacotus de Martrant, Perrodus, filius Vldrici | dicti Maliar, Perreta, uxor dicti Willermi, et Bruseta, uxor quondam dicti Rodulphi, certifficati ad plenum de jure et | actione nobis et cuilibet nostrum ac amicis et coadjutoribus nostris

---

[1] *L'adjonction du mot* inter *est nécessaire pour la compréhension de la phrase.*

competentibus contra illos de Bulloz, quittamus, ex causa transactionis et amicabilis compositionis facte inter | nos et illos de Bulloz, pro nobis, heredibus, amicis et coadjutoribus nostris, super vadiatione,| vulnerationibus, delictis et offensis predictis, pro centum libris bonorum Lausannensium, quas habuisse confitemur | per manum venerabilis viri Wulliermi de Castello, canonici Lausannensis. Nos vero Johannes, dominus de Monz, | tempore pacis et concordie predicte existentes balivus Waudi et castellanus de Rota castro pro domino Ludouico predicto, confitemur | et in veritate recognoscimus quod paux[1], concordia, amicabilis compositio et transactio predicte in presentia nostra et nobis consentientibus | facte fuerunt. Ad preces nostras et requisitionem apponi rogauimus et fecimus presentibus literis sigillum curie Lausannensis. Et nos officialis dicte curie ex parte Cristi, sede vacante, ad preces et requisitionem | Willermi Mestes, Jacoti, Perrodi, Perrete, Brusete et domini Johannis domini de Monz predictorum, nobis oblatas et fideliter relatas per | Nicholaum dictum Arma, clericum Lausannensem, cui supra hec commisimus vices nostras et ad hoc fidem plenariam adhibemus, sigillum | dicte curie Lausannensis apposuimus huic scripto. Testibus ad premissa vocatis et rogatis, venerabili viro Petro de Walardens, canonico Lausannensi,| et nobilibus viris domino Petro de Prez, milite, Johanne, fratre eius, Anthonio de Wuliens et Johanne de Wuliens, domicellis. Et | nos Johannes, dominus de Monz, tunc balivus Waudi et castellanus de Rota castro, vna cum sigillo dicte curie sigillum nostrum | pro nobis apposuimus huic scripto. Datum anno Domini M°CCC° tertio decimo, mense julii.

*Original:* parch. 26,5/31 cm.; Arch. cant. vaudoises, titre de Fribourg, n° 1 (ancien n° 407).

*Sceaux:* détruits.

*Impr. partielle:* ASHF III p. 76 n° X.

*Regeste:* RF p. 183.

**9.** *Vuillelme, fils de feu Martin Paccot, de Vevey, donne à Rodolphe de Bulle, clerc, sa dîme dite* deys Condemines *ainsi que 22 poses de terre situées à Bulle.* — 1326 IV 6.

*Original:* parch. 40/29,5 cm.; Arch. d'Etat, Fribourg, titre de Bulle n° 38.

*Sceaux:* 1° de la curie de Lausanne, rond env. 20 mm., cire verte, fragment sur queue de parchemin; légende: ... AVSANENSIS; 2° de Hugo de Chanvent, doyen de

[1] *Sic, pour* pax.

Vevey, en navette env. 26/35 mm., cire naturelle, sur queue de parchemin; légende S.. VGO.... DECANI VIVIA..

*Impr. partielle:* ASHF III p. 79 nº XIV.

## 10. Droits de salterie, de ventes et de four.

1329 VII 12. Lausanne.

Homagium Aymonis filii Perrodi Escot.

Nos Johannes, Dei gratia episcopus Lausannensis, notum facimus quod cum questio seu discordia verteretur inter nos, ex una parte, et Perrodum Esquot, domicellum, hominem nostrum, ex altera, super eo quod dominus dictus Perrodus Equot petebat a nobis centum et triginta libras Lausannensium sibi solui, in quibus bone memorie dominus Petrus, episcopus Lausannensis, predecessor noster, tam pro facto suo quam pro facto bone memorie domini Girardi predecessoris sui confessus fuit se teneri eidem; item petebat a nobis quod terciam partem grangie nostre de Bullo a parte exteriori, juxta menia, prope portam, quam sibi contulerat dictus dominus Girardus, predecessor noster; item condeminam nostram sitam in territorio de Bullo, in loco dicto Chimboson, quam dictus dominus Petrus episcopus, predecessor noster, eidem contulerat imperpetuum pro vna libra piperis soluenda episcopo Lausannensi per ipsum et eius heredes singulis annis in vigilia Natiuitatis Domini, nobis dicentibus et proponentibus plures raciones quare ad predicta non tenebamur. Tandem discordia predicta sedata extitit et sopita in hunc modum: Primo, quod dictus Perrodus, homo noster, remanet ligius, quamdiu vixerimus in humanis. Item, quod Aymo filius dicti Perrodi pro se et suis heredibus intrauit et fecit homagium in manibus nostris, salua tamen fidelitate nobilis viri Perrodi de Turre, domini Castellionis in Valesio, qui promisit nobis esse bonus et fidelis et secundum nouam et antiquam formam fidelitatis bene et fideliter deseruire. Nos vero, considerata pace et homagiis predictis pro nobis et nostris successoribus, damus eidem Aymoni fructus, redditus, etc., salterie nostre et vendarum nostrarum de Bullo . . . quos fructus . . . possimus . . . redimere . . . pro quadraginta libris Lausannensium. Item, damus . . . predicto Perrodo Escot . . . omnes fructus . . . furni nostri de Bullo per duos annos . . . Item, donacionem factam per dictum Girardum predecessorem nostrum . . . et per dictum dominum Petrum . . . laudamus dicto Aymoni . . . Qui Aymo recognouit tenere a nobis et ecclesia

Lausannensi molendinum dicti Perrodi situm apud Bullum, dictam terciam partem grangie et dictam condeminam . . . Et [pro] predicta condemina nobis soluere promisit singulis annis apud Bullum vnam libram piperis. Nos vero dicti Perrodus et Aymo predicti dictam pacem omologamus et ratifficamus et approbamus . . . dictum episcopum quittamus super omnibus actionibus.

Datum Lausanne, in domo episcopali, presentibus dominis Petro, domino Grandisoni, et Willermo de Lustriaco, canonico Lausannensi, die XII mensis julii, anno Domini M$^o$CCC$^o$ vicesimo nono.

Ego vero Aymo de Megeua, clericus, *etc.*

*Original:* perdu.
*Transcription:* Arch. cant. vaudoises, Ac n° 3, fol. CXXXIIII.
*Impr. partielle:* ASHF III p. 81 n° XVI.

**11.** *Dans le traité de paix conclu entre Jean de Rossillon, évêque de Lausanne, et Pierre, comte de Gruyère, il est décidé que le bois de Bouleyres sera conservé. Les gens de Bulle auront, comme par le passé, le droit d'y prendre du bois et d'y faire paître leur bétail. La partie de cette forêt qui a été convertie en prés dans les cinq dernières années servira de pâturage commun. Quatre prud'hommes de la Tour-de-Trême, nommés par les gens de Bulle, règleront cet objet. Ulrich, seigneur d'Everdes, et Pierre Mayor de Lutry poseront les bornes.* — 1338 VI 19.

*Original*: perdu.
*Vidimus* du 10 mars 1348: parch. 51/31,5 cm.; Arch. cant. vaudoises, Lausanne C IV 262.
*Sceaux* du vidimus: de l'official et du doyen de Lausanne, détruits.
*Impr.:* du vidimus MDR 1$^e$ série XXII p. 124 n° 92 (donne la date du 6 août 1338 pour ce vidimus).
*Regeste:* MDR 1$^e$ série X p. 211—212.

## 12. Droits de succession.

1340 I.

Ego Marguereta, filia quondam Girardi dicti Glasson, burgensis de Bullo, et sue prime vxoris, vxorque Vldriodi filii quondam Vldrici de Rotauilla, burgensis de Bullo, notum facio vniuersis quod cum ego | jure et consuetudine approbata et antiqua debeam habere integre et percipere duas partes totius hereditatis prenominati quondam Girardi patris mei, ego tamen considerans et attendens, | sciens, prudens et spontanea quam bonum sit et jocundum fratres habitare in vnum, volo, statuo et ordino firmiter per presentes pro me et heredibus meis cum auctoritate et mandato dicti | Vldriodi mariti mei et de consilio et consensu Rod[ulph]i dicti Glasson, Marmodi de Murys et Johannodi dicti Guisel, conburgensium de Bullo, proximorum meorum, quod, non obstante jure et consuetudine | supradictis, Girardus frater meus, filius quondam dicti Girardi patris mei et sue secunde vxoris, benemeritus meus, et sui heredes habeant et possideant jure hereditatis imperpetuum de gratia | et prerogativa speciali, per[1] se, suis, me et meis heredibus quatuor posas terre arabilis de sex posis terre quas habemus inter me et ipsum ex successione et hereditate dicti | Girardi patris mei et sui. In aliis vero vniuersis et singulis rebus, bonis, possessionibus, terris cultis et non cultis, pratis, campis, casalibus, ochiis, vigultis[2], domibus, cheneueriis,| nemoribus adquisitis et ceteris bonis quibuscunque que nobis remanserunt et ad nos spectant et pertinent ex successione et hereditate sepedicti Girardi patris mei et sui, | habeant et percipiant dictus Girardus frater meus et sui heredes tale jus, portionem et partem quod et quam debent habere in eis secundum jus et consuetudinem ville de Bullo, tanquam | filius de vxore secunda procreatus. Nos vero prenominati Vldriodus maritus dicte Marguerete, Rodulphus Glasson, Marmodus de Murys et Johannodus Guisel, conburgenses de Bullo, | proximi dicte Marguerete et amici laudamus et approbamus in quantum nostra interest aut posset in posterum interesse ordinationem prefatam ac omnia et singula | alia antescripta et ipsa vera et de consilio nostro et consensu fore facta et quod ego dictus Vldriodus tribui et concessi dicte Marguerete vxori mee auctoritatem meam et | mandatum in omnibus illis et singulis que ipsa superius egit et dixit. Confitemur et recognoscimus publice per presentes promittentes ergo pro nobis et nostris | heredibus nos Vldriodus et Margueretа conjuges supradicti, Rodulphus Glasson, Marmodus de Murys et Johannodus Guisel predicti, juramentis nostris a nobis super sancta Dei euuangelia | corporaliter prestitis, ordinacionem prefatam ac omnia et singula alia antescripta, rata, grata et firma habere perpetuo et tenere et[3] contra ipsa facere in posterum uel venire. | Ad hoc autem fuerunt testes vocati et rogati: Aymonodus de Soucens, Johannodus de Soucens, Mermetus de Putheo et Perrodus dictus de Broch,

[1] *Sic, pour* pro. [2] *Sic, pour* virgultis. [3] *Sic, pour* nec.

conburgenses de Bullo, | fide digni. In cuius rei testimonium, nos Richardus, decanus de Ogo, et ego Aymo, curatus de Bullo, ad preces et requisiciones Vldriodi et Marguerete, conjugum, | Rodulphi Glasson, Marmodi de Murys et Johannodi Guisel predictorum, nobis oblatas fideliter et relatas per Jacobum lo Chapuys de Bullo, clericum juratum nostrum dicti decani, cui super | hoc commisimus vices nostras et eidem fidem plenariam adhibemus, sigilla nostra presenti littere apposuimus in testimonium premissorum. Datum mense januarii, anno | Domini currente millesimo CCC° tricesimo nono.

Per Jacobum Chapuis de Bullo, clericum.

*Original:* parch. 36 5/13,5 cm.; Arch. d'Etat, Fribourg, titre de la Part-Dieu, litt. X n° 67.
*Sceaux:* détruits.
*Impr. partielle:* ASHF III p. 92 n° XXIII.
*Regeste:* Mémorial de Fribourg IV p. 17.

**13.** *Marguerite, veuve de Rodolphe de Bulle, de Vevey, clerc, et femme de Girard de Fellens, donzel, vend à Aymon de Cossonay, évêque de Lausanne, la dîme dite* des Condempmines, *à Bulle, pour le prix de 80* lb. Laus. bon. — 1355 VII 27.

*Original:* parch. 33/62 cm.; Arch. d'Etat, Fribourg, titre de Bulle n° 25.
*Sceaux:* 1° de la curie de Lausanne, détruit; 2° du décanat d'Ogoz, en navette env. 26/40 mm., cire verte; légende: SIGILLUM . . . NATUS DE OGO.
*Impr. partielle:* ASHF III p. 97 n° XXVII.

## 14. Siège de la curie du décanat d'Ogoz.

1362 VI 28. Lucens.

Aymo de Cossonay, Dei et apostolice sedis gracia episcopus Lausannensis, dilecto decano nostro de Ogo uel eius vices gerenti salutem | et dilectionis augmentum. Tibi tenore presencium precipiendo in virtute sancte obediencie et sub excommunicacionis pena mandamus, | quatenus curiam decanatus de Ogo teneas infra burgum nostrum de Bulo semper, quotiescunque ipsam te tenere contin-|get, nec in alio loco seu villa uel burgo, preterquam in Bulo, dictam curiam aliquo tempore tenere presumas, quoquomodo accep-|tes. Mandantes insuper sub eadem pena omnibus et singulis curatis, vicariis et ecclesiarum rectoribus in dicto deca-|natu constitutis, ut ipsi seu alter ipsorum aliquam seu aliquas litteras citatorias seu dierum assignationes continentes, | nisi apud Bulum sint facte ipse littere citatorie uel dierum assignationes assignate, non admittant quoquomodo, nec sigillent, | nec aliqualiter exequantur. Mandantes et districte precipientes castellano nostro de Bulo, qui nunc est et qui pro tempore | fuerit, et eius locumtenenti, vt omnes et singulas personas vtriusque sexus, undecunque sint et quecunque sint, | apud Bulum ad curiam dicti decanatus quoquomodo venientes et inde redeuntes saluas et securas teneat ab omni-|bus subditis nostris et eas ab omni violentia, injuria et grauamine custodiat efficaciter et deffendat, et| si eisdem aliquod in contrarium fuerit factum, uel quomodol[ibet in]temptatum, injuriatis huiusmodi et dampnum uel graua-|men passis emendam fieri faciat competentem [si]mpliciter et de plano valore. Datum apud Lucens, sub sigillo | nostro, die martis post festum nativitatis beati Johannis Baptiste, anno Domini millesimo CCC$^{mo}$ sexagesimo secundo.

*Original:* parch. 27/15 cm.; Arch. d'Etat, Fribourg, titre de Corbières n⁰ 3.
*Sceau:* détruit.
*Impr.:* MDR 1e série XXII p. 494 n⁰ 267.

## 15. Octroi à la ville de Bulle des droits d'oboles et d'ohmgeld par Guy de Prangins, évêque de Lausanne.

1377 XI 7.

Nos Guido, Dei et apostolice sedis gracia Lausannensis episcopus, notum facimus vniuersis presentes litteras inspecturis quod cum nobiles et | probi homines, habitatores ville nostre de Bullo nobis humiliter supplicauerint quatenus sibi graciam faceremus specialem, quod a quocunque vinum ven-|dente infra villam et castellaniam de Bullo, videlicet in dicta villa de Bullo et villis de Albewy et de Rotavilla, super quolibet poto | vini exigere et recuperare possent vnum obolum, vna cum lo longuel, implicandum in bastimentis, fortifficacione, reparacione et | edifficacione dicte ville nostre de Bullo, et prout alii circumuicini domini subdictis suis pro similibus fiendis concesserunt, concedere | dignaremur. Nos autem prefatus episcopus, videntes eorum supplicacionem fore consonam rationi, cupientes eciam quod fortificacio dicte | ville nostre efficaciter compleri possit, ut tenemur, pro nobis et nostris successoribus, attentisque oneribus ville nostre predicte, de gracia | speciali sibi liberaliter concessimus et concedimus per presentes quod a quolibet vinum vendente in dictis villis dictum obolum cum lo longuel | recipere et exigere possint et valeant per biennium proximo venturum, in data presentium incohandum et in eadem data finiendum, | dictis duobus annis prius finitis et completis, tantum et non vltra, ita tamen quod dicti nobiles et probi homines dicte ville de Bullo | illud quod de dictis obolis et dicto longuel, durante dicto tempore, exigere et recuperare poterunt quoquomodo, implicabunt vel facient | implicari totaliter in bastimentis, fortifficacione dicte ville nostre et non alibi, et quod ipsi, tociens quociens fuerint requisiti, | de perceptis dictorum obolorum et douz longuel et inde libratis nobis vel castellano nostro de Bullo aut commissario nostro reddere | teneantur legitimam racionem, et quod nemo in dictis villis per idem tempus vinum possit vendere, quousque fuerit per castellanum nostrum | de Bullo vel probos homines dicti loci super dictis obolis et dicto longuel cum quolibet homine vinum vendente vel vendere volente arrestatum. | Quod si quis in dictis villis contrarium facere voluerit, se nouerit bannum sexaginta solidorum commissurum, quem committi volumus per presentes. | De quoquidem banno sexaginta solidorum ad nos due partes deueniant, et dicti nobiles et probi homines dicte ville de Bullo | terciam partem cuiuslibet banni super hoc commissi habeant et leuare debeant, in fortifficacione et bastimentis dicte ville implicandam. | Promittentes nos prefatus episcopus, pro nobis et nostris successoribus, durante dicto tempore predicta omnia et singula firmiter attendere bona | fide nostra, et non contra facere vel venire aliqualiter in futurum. In cuius rei testimonium nos officialis curie Lausannensis ad | requisicionem prefati domini nostri Lausannensis episcopi et de ipsius mandato, nobis oblatas et fideliter relatas per dominum Petrum | de Combremont, curatum de Muris, dicte curie nostre juratum, cui super hiis vices nostras commisimus et eidem fidem | plenariam adhibemus, sigillum dicte curie Lausannensis, vna cum sigillo prefati domini episcopi huic scripto apposito, presentibus | litteris duximus apponendum. Datum die septima mensis nouembris, anno Domini millesimo CCC° septua-|gesimo septimo. Dupplicatum est.

P. de Combremont.

*Original:* parch. 30,5/24 cm.; Arch. d'Etat, Fribourg, titre de Bulle n° 21.
*Sceaux:* détruits.
*Impr.:* ASHF III p. 102 n° XXXII.

## 16. Porterie de Bulle.

1378 VI 15.

Nicola filia quondam Perreti porterii, Johannetus filius quondam Mermerii porterii et Jacobus filius quondam Perreti porterii de Bullo confitentur per eorum juramenta, pro se et suis heredibus, tenere a domino [Lausannensi episcopo] et suis successoribus, maxime dicta Nicola de auctoritate Jacobi Agnot, mariti sui, tenere a domino porteriam duarum portarum ville de Bullo et emolumenta pro ipsa porteria percipi consueta, pro qua percipiunt a quolibet foco de Bullo terras seminante vnam gelimam seu gerbam bladi consueti percipere tempore messium, et quolibet foco dicte ville vnum denarium Laus. in crastino Nativitatis Domini. Et debent duo porterii dictorum trium porteriorum esse ab omni caualcata et coruata et exactione ville exempti pariter et immunes racione dicte porterie. Tenentur eciam et promiserunt esse domino fideles et eidem seu eius castellano de Bullo uel nuncio eius claues dictarum portarum tradere, tociens quocienscunque ab eorumdem altero fuerint requisiti. Datum die et anno quo supra [xv$^{a}$ die junii anno lxxviii$^{o}$].

Vionetus Roncignoti.

*Original:* Arch. d'Etat, Fribourg, grosse de Bulle n$^{o}$ 62 fol. XXXII r$^{o}$.
*Impr.:* ASHF III p. 103 n$^{o}$ XXXIII.

## 17. Délimitation des paroisses de Bulle et de Sâles.

1381 VI 22.

Nos Henricus, curatus de Salles, canonicus Montisjouis, et Jacobus, curatus de Bulo, Lausannensis diocesis, notum facimus vniuersis presentibus et futuris quod cum questio seu discordia verteretur inter nos de et super juribus parrochialibus grangie siue domus Johannis Bouerat et domus siue grangie Perreti deys Chylliex, ego dictus curatus de Salles dicebam et asserebam quod dicte domus siue grangie erant perrochie[1] mee, et ego dictus Jacobus curatus de Bulo dicebam et asserebam quod ipse grangie siue domus erant perrochie mee de Buloz; tandem dicte questiones siue dicordia sedate sunt et concordate inter nos dictos curatos de Salles et de Bulo per amicos et arbitros inter nos communiter electos, videlicet per viros discretos dominum Rodulphum, curatum de Sensalles, canonicum Montisjouis,

[1] *La forme* perrochia *pour* parrochia *est exceptionnelle. Nous n'avons pu la contrôler, la grosse étant perdue.*

et dominum Williermum, curatum de Rotavila. Qui amici, arbitri et amicabiles compositores, facta prius super huiusmodi facto bona et vera diligenti inquisitione, invenerunt et pronunciaverunt et nos concordaverunt ac etiam arbitrati fuerunt quod dicte grangie siue domus et totum territorium de Mollettes siti sunt infra terminos et limittes perrochie de Bulo, sunt eiusdem perrochie de Bulo, et quod rivus qui de Montambert descendit per juxta pratum de Letenant et los Pississant girando vadit usque ad aquam que vocatur Sionse, est limes qui predictas perrochias de Bullo et de Salles diuidit et determinat, et quod predictus Johannes Bouerat et Perretus Chilliex et omnes alii qui de cetero in dictis grangiis siue domibus et aliis edifficandis sitis in predicto territorio de Molletes habitabunt siue morabuntur, sunt et permaneant et esse debeant perrochiani sui dicte perrochie Buli et dicto domino Jacobo de Bulo qui nunc est et aliis curatis dicti loci qui pro tempore futuro fuerint, tamquam suis veris curatis respondeant, sicut dicti perrochiani sui pariter et intendant. Quamquidem pronunciationem nos dicti curati promittimus *etc.* In cuius rei testimonium nos decanus de Ogoz sigillum nostri decanatus et Williermus, curatus de Rotavila, sigillum meum proprium ad preces et requisitiones dominorum Henrici, curati de Salles, et Jacobi, curati de Bulo, prenominatorum, nobis oblatas fideliter et relatas per dominum Petrum Fontel, curatum de Corberes, juratum nostrum, cui super hiis vices nostras commisimus et sibi fidem plenariam adhibemus, presentibus litteris duximus apponendum. Datum die vigesima secunda mensis jugnii, anno Domini millesimo tercentesimo octuagesimo primo.

*Original:* perdu.
*Copie:* Grosse du Clergé de Bulle de 1551, fol. XIII v°, perdue. (Arch. de Bulle).
*Impr.:* ASHF III p. 212 n° CVIII.

## 18. Ohmgeld. Jouissance des paquiers communs, des joux et de la forêt du Mont.

1397 X 26.

Nos Guillelmus de Menthunay, Dei et sedis appostolice gracia Lausannensis episcopus, notum facimus vniuersis presentes litteras inspecturis | seu eciam audituris quod nos attentis, auditis, visis et consideratis necessitatibus et oneribus que dilecti fideles burgenses nostri et probi | homines, habitatores ville nostre de Bulo, tam in fortificacione et reparacione eiusdem ville quam in aliis missionibus omnibus et expensis communibus | temporibus retroactis laudabiliter et opportune substulerunt mediantibus longuello vini et communi pascuorum tocius territorii eiusdem | ville que in eadem villa habent, tenent et possident anno quolibet arrendant, adcensant nomine et ad opus communitatis ville nostre predicte et percipiunt, tenere, habere, possidere, | arrendare, adcensare et admodiare, fructusque, jura, exitus, prouentus, emolumenta, census, redditus et juantias eorundem longuelli communis pascuorum, | jurie et nemoris sui dou Mont predictorum percipere, obtinere, leuare singulis annis, habereque realiter et integre recuperare ac in dictis suis fortificacione, reparacione, | necessitatibus et missionibus communibus reducere, ponere et implicare nostro et nostrorum predecessorum temporibus assueti sunt que consueti et assueti fuerunt et consueuerunt, nuncque | de die in diem ipsis nostris fidelibus et probis hominibus pro eisdem incessanter incurrunt et incumbunt ipsique ad eandem fortificacionem faciendam et complendam, | ceteraque predicta omnia et costamenta pro dicta communitate supportanda student vigilanter laborare quod minime possent insequi nec missiones pro predictis omnibus necessarias | portare seu sustinere, nisi mediantibus perceptione et recuperatione fructuum, reddituum, censuum, exituum, juantiarum et emolume[n]torum longuelli communis pascuorum, | nemorum, jurie et montis suorum predictorum. Nos igitur prefatus Guillelmus episcopus attendentes opus et regimen predictorum nostrorum fidelium burgensium et | proborum hominum nostre ville de Bulo nobis et dicte nostre Lausannensi ecclesie fore laudabile et fructuosum, eciam deuocionis affectum et bonam voluntatem, quos erga | nos et eandem nostram ecclesiam constanter noscuntur habuisse seque in eisdem ostendunt permansuros affectantes ipsos suffragiis congruis fulciri | vt ad benefaciendum magis animentur et animarentur, idcirco nostra libera annuente voluntate ad omnia et singula premissa implenda, complenda et | supportanda longuellum tocius vini ad tabernam in eadem villa vendendi, predictum communeque omnium pascuorum tocius territorii predicti, jurie et nemoris | dou Mont predictorum ex nunc per ipsos suosque heredes et posteritates habenda, tenenda, percipienda pure, perfecte et integre arrendanda, adcensanda, admodianda quolibet | anno nomine et ad opus ipsius communitatis per eorum gubernatorem siue rectorem per ipsos ad hoc constitutum seu constitutos sua propria auctoritate sine juris uel domini offensa, | jura, fructus, exitus, redditus, census, emolumenta, pertinencias et juancias quascunque ipsorum longuelli, pascuorum et nemorum et alterius eorundem percipienda, | habenda, recuperanda et obtinenda, in dictisque suis fortificacionibus, missionibus et expensis communibus prout sibi melius placuerit et visum fuerit fore expediens | tempore futuro, implicanda, ponenda, reducenda et conuertenda ipsis nostris fidelibus burgensibus et probis hominibus habitantibus predicte nostre ville de Bulo pro se | suisque heredibus et posteritatibus harum litterarum serie et tenore cum omnibus et singulis aliis suis bonis vsibus et consuetudinibus actenus per | eosdem et suos predecessores vsitatis et vti consuetis, consonantibus tamen consuetudinibus Lausannensibus, nos prefatus episcopus pro nobis dictaque nostra ecclesia Lausannensi | et nostris successoribus confirmamus pure, perfecte et inuiolabiliter, laudamus, largimur, ratifficamus, emologamus pariter et approbamus, promittentes | nos prefatus Guillelmus episcopus, pro nobis et nostris successoribus bona fide nostra, manu ad pectus nostrum more prelatico loco juramenti apposita et | prestita, predicta omnia et singula, prout superius sunt expressa, dictis nostris fidelibus burgensibus et probis hominibus ac suis quibus supra rata, grata, firma | et vallida perpetuo habere, tenere, attendere, complere et inuiolabiliter obseruare et non contra facere, dicere uel venire, nec alicui contravenire volenti aliqualiter | consentire in futurum. In quorum omnium premissorum robur et testimonium, nos prefatus Guillelmus episcopus sigillum nostrum litteris presentibus | duximus apponendum. Datum die vicesima vj[ta] mensis octobris anno Domini millesimo tercentesimo nonagesimo septimo.

*Original:* parch. 34/27 cm.; Arch. de Bulle A n⁰ 1, tiroir A n⁰ 46.

*Sceau:* de Guillaume de Menthonay, rond, fragment d'env. 30 mm., cire rouge, pendu sur simple queue de parchemin; légende illisible.

*Copie:* du XVIIIe siècle, papier, double feuille 21,5/34 cm.; Arch. de Bulle A n⁰ 1 (annexée à l'original).

*Impr.:* ASHF III p. 109 n⁰ XL.

## 19. Salteric et ventes.

1402 IV 6. Lausanne.

Nos Guillelmus de Menthonay, miseracione diuina episcopus Lausanensis, notum facimus vniuersis, presentibus et futuris, quod cum bone memorie quondam dominus Johannes episcopus Lausanensis, noster predecessor, | dederit, tradiderit et concesserit pro se et successoribus suis Aymoni quondam filio Perrodi Escot, domicello, pro se et suis heredibus, fructus, redditus, prouentus, exitus, juancias et emolumenta salterie sue et | vendarum suarum de Bulo cum omnibus suis juribus, pertinenciis et appendenciis vniuersis, quos fructus, redditus, exitus et prouentus posset uel sui successores possent redimere et rehabere ab eodem | Aymone vel suis heredibus quocienscumque voluerint pro quadraginta libris Lausanensium. Quiquidem Aymo quondam intrauit et fecit pro se et suis heredibus homagium in manibus dicti domini Johannis quondam episcopi | tunc stipulantis et recipientis pro se et successoribus suis in ecclesia Lausanensi et promisit sibi domino et ecclesie esse bonus et fidelis et secundum nouam et antiquam fidelitatis formam bene et fideliter deseruire. | Deinde vero Petrus Escot, filius quondam Roleti Escot, domicelli, de dicto loco Buli, dum teneret salteriam et vendas predictas a nobis requisitus vt precium predictum reciperet et dictas salteriam et vendas | causa dicte reemptionis cum juribus et pertinenciis predictis dimitteret et relinqueret nobis, quod facere recusauit. Nos quidem episcopus memoratus indempnitati ecclesie nostre predicte Lausanensi prouidere| cupientes, ut tenemur, et jura ipsius commoditati reuocare, ex certa nostra sciencia, super hoc vtilitatem nostram et dicte nostre ecclesie fore propensius attendentes igitur nos, prelibatus Guillelmus episcopus | pro nobis, dicta ecclesia et successoribus nostris in eadem, jure proprio in hiis utentes, vendimus, transferimus, tradimus, cedimus et concedimus perpetue, venditione, translatione, traditione, cessione et concessione validis et irreuoca-|bilibus et nos vendidisse, transtulisse, tradidisse, cessisse et concessisse legitime confitemur per presentes dilecto nostro Petro Cult, clerico de Bulo, presenti, recipienti et solempniter stipulanti, pro se et heredibus | suis et causam ab ipso habentibus et habituris quibuscumque, fructus, redditus, prouentus, exitus, juancias et emolumenta salterie et vendarum predictarum cum omnibus suis juribus, pertinenciis et | appendenciis vniuersis tenendis, percipiendis, exigendis, recuperandis, petendis, possidendis et integraliter habendis ex causa et ratione vendicionis perpetue presentis per dictum Petrum Cult emptorem et suos quos supra | videlicet pro justo et legitimo precio sexaginta et decem librarum Lausanensis monete, quas nos Guillelmus, prefatus episcopus, confitemur et in veritate recognoscimus nos a dicto Petro emptore|

habuisse et realiter recepisse in bona pecunia numerata nomine et ob causam precii legitimi venditionis, translationis, traditionis, cessionis et concessionis predictarum, de quo precio predicto nos ab eodem emptore tenemus pro bene contento, | conditione addita et expressata, pacta ac solempni stipulatione vallata quod pro premissis salteria, vendis, fructibus, redditibus, prouentibus, exitibus, juanciis et emolumentis dictus Petrus Cult, emptor, pro se et | suis quibus supra faciat et facere teneatur nobis dicto episcopo pro nobis, ecclesia et successoribus nostris homagium et promittat, prout supra Aymo Escot quondam predictus narratur fecisse et etiam promisisse, quodque | successor episcopus in ecclesia nostra Lausanensi possit et non nos possimus reemere et rehabere perpetue a predicto Petro Cult uel suis heredibus quocienscumque voluerit successor noster fructus, redditus, prouentus, exitus, | juancias et emolumenta predicta cum omnibus juribus et pertinenciis suis vniuersis pro sexaginta et decem libris Lausanensis monete, deuestientes nos, ecclesiam et successores nostros de predictis venditis | per nos sub conditione predicta, modo supradicto, dictum Petrum Cult emptorem pro se et suis quibus supra inuestientes et inducentes in corporalem possessionem uel quasi de eisdem per traditionem presentium | litterarum et per traditionem sumpti littere super premissis dudum facte, quod sumptum fieri et tradi dicto emptori volumus et mandamus in signum venditionis perpetue predicte et ad hoc quod eo se juuare | possit prout sibi videbitur expedire, mandantes et precipientes specialiter et expresse omnibus et singulis personis debentibus et debituris fructus, redditus, prouentus, exitus, juancias et emolumenta | predicta seu aliquid de eisdem et omnibus quorum interest et intererit, quatenus et eorum singuli prout ipsis competit et concernet de predictis venditis dicto Petro Cult, emptori, et suis quibus supra ex nunc | in antea perpetue respondeant, satisfaciant et intendant et non nobis uel successoribus nostris prout ante presentem contractum fecissent et facere debuissent dicto Petro Escot, nullo alio a nobis super | hoc expectato mandato, constituentes dictum emptorem in predictis pro se et suis quibus supra verum possessorem et actorem ut in rem suam per nos sibi perpetue venditam, traditam et concessam modo supradicto. | Promittimus autem nos Guillelmus prefatus episcopus, bona fide nostra, manu ad pectus nostrum apposita, prelatico more, pro nobis, ecclesia et successoribus nostris stipulatione interueniente solempni et sub | expressa obligatione bonorum nostrorum et dicte ecclesie nostre quorumcunque, presencium et futurorum, predicta per nos vendita dicto emptori et suis quibus supra sub dicto homagio perpetuo manutenere,| deffendere et guarentire contra dictum Petrum Escot et aduersus quoscunque in omni judicio et extra judicium ac in omni et quacunque parte litis et controuersie vbique pacifice et quiete ac facere et prestare | pro premissis totum id et quicquid in casu evictionis pro premissis fieri debet et prestari. Et eidem emptori et suis quibus supra reddere, restituere et resarcire promittimus omnia dampna, grauamina, omnesque missiones | et expensas que et quas dictus emptor dicet et sui qui supra dicent se fecisse, sustinuisse uel incurrisse simplici juramento suo tantum occasione guarencie non late de predictis et predictorum non completorum, ut prefertur, | jurantes bona fide data nos alteri quam dicto emptori super predictis cessionem, alienationem, contractum alienationis, pactum aut transactionem non fecisse neque precium aut compensacionem ab altero non habuisse pro predictis | nisi a dicto emptore precium supradictum quod confitemur in euidentem vtilitatem nostre dicte ecclesie totaliter conuertisse, renunciantes in hoc facto sub vi bone fidei date omni actioni et exceptioni doli mali, promissionis | indebite, confessionis erronee et extra judicium facte, exceptioni dicte pecunie non numerate, non habite nec recepte, minoris precii subsidio, beneficio restitucionis in integrum, juri, consuetudini, usui, priuilegio et statuto | quibus venire possemus uel opponere contra predicta uel contra aliquid de predictis jurique dicenti generalem renuntiationem non valere nisi precesserit specialis. Insuper juramus nos prefatus episcopus bona | fide nostra omnia et singula supradicta sub condicione et modo predictis rata, grata et firma nos habere, tenere, attendere perpetue et inuiolabiliter obseruare et contra eadem non facere uel venire | de jure uel de facto. In quorum omnium testimonium premissorum nos Guillelmus prelibatus episcopus sigillum curie officialatus nostri Lausanensis mandauimus presentibus litteris apponi. Et nos | officialis curie Lausanensis mandatum reuerendi in Christo patris et domini Guillelmi miseracione diuina episcopi prefati Lausanensis nobis fideliter oblatum et relatum per Vionetum Roncignyot de Gies | *[8 cm. complétement effacés par l'humidité]* cui super hiis comisimus vices nostras et comittimus eidem fidem plenariam adhibentes sigillum dicte curie presentibus litteris duximus apponendum | in *[8 cm. complétement effacés par l'humidité].* Datum et actum Lausanne die sexta mensis aprilis anno Domini millesimo quatercentesimo secundo.

*Original:* parch. 47,5/32,5 cm.; Arch. d'Etat, Fribourg, titre de Bulle n° 64.
*Sceau:* détruit.
*Impr.:* partielle, ASHF III p. 112 n° LXI.

**20.** *Guillaume de Challant, évêque de Lausanne, autorise la ville de Bulle de percevoir l'ohmgeld* . . . percipere realiter obolos et obolum, scilicet super et pro vno et quolibet poto vini in dicta villa ad tabernam vel aliter vendendi per quoscunque vnum obolum Laus., et hoc per spacium sexdecim annorum integrorum in data presentium incipiendorum continueque venturorum inclusive, et ipsis complendis primitus completis simili die finiendorum tantum et non vltra . . . — 1411 VII 27. Chilly.

*Original:* parch. 34,5/39 cm.; Arch. de Bulle A n° 2, tiroir B n° 11.
*Sceau:* de la curie de Lausanne, pendant sur queue de parchemin, cire verte, rond env. 27 mm.
*Copie* du XVIII^e^ siècle: papier, Arch. de Bulle, même cote.
*Impr.:* ASHF III p. 114 n° XLIII.

## 21. Arbitrage entre Bulle et Vuadens au sujet du passage dans les joux.

1413 I 15, IV 12, 26.

*Un litige ayant surgi entre la ville de Bulle et la communauté de Vuadens au sujet du droit de passage que prétendaient posséder les habitants de Vuadens à travers la joux de Bulle pour aller à la Joux Noire, dite de Chastrossens et de Riaz, Bulle et Vuadens s'adressèrent chacune à son seigneur. Guillaume de Chalant, évêque de Lausanne, désigna François de Billens et François de Bussy, de Romont, et Humbert, bâtard de Savoie, nomma Rodolphe Cerjat et Jacques de Glâne, de Moudon, pour arbitrer ce différend:*

. . . Quod habitantes in villagio | de Vuadens et eorum posteritas habeant et habere debeant vsum et jus passagii, introitus et exitus per joriam illorum de Bulo predictam ad eundum | [et] transgrediendum ad predictam joriam nigram et ab eadem redeundum cum logiis seu curribus suis pro suis necessitatibus faciendis, et hoc a festo beati Martini | yemalis usque ad festum Pasche, sine tamen offensa per illos de Vuadens inferenda in joria illorum de Bulo; ita quod si aliquod dampnum illi de Vuadens | ibidem fecerint, ad emendam dampni teneantur sub[1] conditione quod illi de Vuadens et eorum posteritas dent, soluant et soluere teneantur anno | quolibet quo logias seu currus ad dictam joriam nigram voluerint conducere, tantum pro qualibet logia seu quolibet curru eunti ad dictam joriam, | tres solidos Lausannensium bonorum gubernatori ville de Bulo, qui nunc est uel qui pro tempore futuro fuerit; ita quod quicunque vnus aut plures illorum de | Vuadens qui ad dictam joriam nigram logiam seu currum ducere voluerit debeat et teneatur notificare et dicere gubernatori dicte ville | de Bulo, qui pro tempore fuerit, quod vult ire ad dictam joriam pro sua necessitate fienda et eidem soluere dictos tres solidos Lausannensium, ut supra per nos | soluere ordinatos. Et si forte aliquis illorum de Vuadens, vnus aut plures, contrarium premissorum facerent, aut ad dictam joriam absque denuncia-|cione dicto gubernatori facta iret, quod incurrat bannum tale quale posset reperiri hactenus fore vsitatum . . . Datum quoad pronunciacionem et ordinacionem predictas per dictos arbi-|tros factas et quoad Johannem de Murit, Johannem Marsens, Anthonium Marsens, Mermetum Pacho, de Bulo, Roletum Porte, Johannetum Aste, Roletum | Bron, de Vuadens, die decima quinta mensis januarii anno Domini millesimo CCCC$^{mo}$ duodecimo, et quoad omnes alios de Bulo prenominatos die duodecima | mensis aprilis, et quoad omnes alios de Vuadens prenominatos die vicesima sexta eiusdem mensis aprilis anno Domini millesimo CCCC$^{mo}$ decimo tertio.

*Original:* parch. 38,5/36,5 cm.; Arch. de Bulle, tiroir A n° 16.
*Sceau:* de la châtellenie de Romont, rond env. 30 mm., cire verte, pendu sur simple queue de parchemin; légende illisible.
*Contre-sceau:* de Jacques de Châtonnaye (?), rond 24 mm.; légende illisible.
*Impr.* partielle: ASHF III p. 118 n° XLV.

**22.** *Nicod de Prez, donzel, châtelain de Bulle, remet en liberté Anthonia, fille de feu Cristinus, fils de feu Johannetus dit Arballester, mineure, parce qu'elle avait été emprisonnée sans juste cause, ni délit, ni clame de qui que ce soit, donc contrairement aux libertés et franchises de la ville de Bulle. Cette mise en liberté est faite à la demande d'Antoine Marsens,* burgensis de Bulo, pro tunc gubernatoris communitatis dicte ville, electi et constituti in absencia Jacobi Ardiod, commendatoris dicte ville . . . et plurium aliorum tam nobilium, burgensium quam habitantium dicte ville . . . — 1435 I 6. Bulle.

[1] *Ce mot est suivi de* ab: *erreur de scribe.*

*Original:* parch. 35,5/33 cm.; Arch. de Bulle, tiroir B n° 18.
*Sceau:* détruit.
*Impr.* partielle: ASHF III p. 120 n° XLVII.

**23.** *Jean de Prangins, évêque de Lausanne, accorde à la ville de Bulle le droit d'ohmgeld, soit les oboles sur le vin vendu, et cela à perpétuité.* — 1438 IX 2. Bulle.

*Original:* parch. 58/50 cm., y compris l'onglet de 4 cm.; Arch. de Bulle A n° 3, tiroir B n° 20.
*Sceaux:* détruits.
*Impr.:* ASHF III p. 122 n° XLIX.

## 24. Mise en possession du mayor.

1439 II 1.

Ad vniuersorum tam presencium quam futurorum harum serie litterarum | deducatur perpetuam noticiam, quod propter infrascripta rite peragenda personaliter et specialiter constituti, ad sonum campane, | ut moris est ad inuicem congregati ante hospitale ville Buli, vbi negocia dicte ville tractari sunt solita, Johannes Marsens, | mistralis dicti loci Buli pro nobili Nicodo de Prez, castellano eiusdem loci reuerendi in Christo patris et domini Johannis de | Pringino, Dei et sedis apostolice gracia Lausannensis episcopi et comitis, pro tribunali sedens, Petrus Frossar, gubernator et | gubernatorio nomine tocius communitatis dicte ville, Johannes de Prez, domicellus, ipsius Nicodi genitus, | Petrus Curti, clericus, Rodulphus Alex, Johannes de Murys, Petrus Cornyeir, Johannes de Marsens, Mermetus Confessa, | Johannes de Ripa, Johannes de Gex, Petermanus de Puteo, Johannes Jaquenod, Johannes de Prez, Johannes Tabussaut, Johannes | Garyn, Petrus Pascho, Perretus Dudyn, Cristinus et Mermetus Alex, fratres, Petrus de Marsens, Christinus Perrectaz | et plures alii ex dicta communitate fide digni. Prenominatus vero Johannes de Prez scienter et aduise petiit et graciose | prenominatos gubernatorem et villenses requisiit, vt ipsi eundem in officio et exercicio maiorie dicte ville recipere | et ponere dignarentur vigore donacionis eidem de ipsa maioria per prefatum Nicodum de Prex, domicellum, | carissimum genitorem suum, ut dicebat, facte, ad exercendum et regendum ipsius maiorie officium, prout hactenus | predecessores sui ac alii maiores illic ipsum exercuerunt officium. Qua requisicione sic benigne per eundum | nobilem Johannem de exercicio dicti officii fiendo facta per ipsum, et per ipsos gubernatorem et burgenses audita, | prenominatus Petrus Frossar, gubernator dicte communitatis, de quorum supra villensium et burgensium voluntate, | petiit prenominato Johanni, domicello, in manibus dicti mistralis super sacrosanctis Dei euuangeliis prestari juramentum | vigore peticionis jamdicti exercicii fiendi de obseruando jura, libertates, franchiesias, consuetudines et vsus tam scriptos | dicte ville quam non scriptos. Qui Johannes non intendens juribus, libertatibus, franchiesiis, consuetudinibus et vsibus | eorumdem predictis nulliter derogare, quinymo posse suo, vt moris est, tenere et obseruare, jurauit super sacrosanctis | Dei euuangeliis, per eundem in manibus eiusdem mistralis corporaliter tactis, ipsum maiorie officium bene, laudabiliter | et probe omnibus suis viribus exercere et regere, neminemque pretextu dicti officii opprimere. Quo juramento | sic per ipsum prestito, ipsi gubernator, quo supra nomine, et villenses eundem in ipso maiorie officio ac ipsius | officii exercicio receperunt et litteras per presentes admiserunt. De quibus quidem premissis omnibus et singulis ipse | gubernator, nomine quo supra, et idem maior, nomine suo, pecierunt a dicto mistrali ipsis dari duo instrumenta, | quodlibet per se faciens fidem, quibus concessit sub sigillo viri venerabilis domini decani de Ogo sigillanda. | Et nos decanus prefatus ad preces et requisiciones prenominatorum maioris et gubernatoris nobis oblatas | fideliterque relatas per Petrum Marsens, sepe dicti loci Bulo clericum, nostri decanatus juratum, cui super hiis vices | nostras commisimus et fidem plenariam adhibemus, sigillumque dicti nostri decanatus presentibus duximus apponendum. | Datum et actum Buli, ante dictum hospitale, presentibus Petro Try alias Vualet, Perreto Ruschinnet de Rotauilla | et Johanne Blanchard de Carys, testibus ad premissa vocatis specialiter et rogatis, die prima mensis februarii, | anno Domini millesimo quatercentesimo trigesimo octauo. Idem P. Marsens.

*Original:* parch. 26,5/23 cm.; Arch. de Bulle, tiroir B n° 21.
*Sceau:* détruit.
*Impr.:* ASHF III p. 126 n° LI.

## 25. Confirmation du droit de marchés. Règlement.

1445 II 6. Lausanne.

Georgius de Saluciis, Dei apostolice sedis gracia Lausannensis episcopus et comes, dilectis nostris gubernatori, burgensibus et communitati ac habitatoribus ville nostre de Bulo salutem et dilectionem. Ad ea que decorem et commodum locorum et subdictorum nostrorum ac ecclesie nostre Lausannensis respiciunt libenter intendimus, et ea per que status locorum et subdictorum huiusmodi prosperetur in melius merito concedimus. Cum itaque, sicut pro parte vestra nobis nuper oblata petitione monstrastis, licet vos olim ex concessione et gratia dominorum predecessorum nostrorum episcoporum Lausannensium forum in dicto opido qualibet die lune singularium ebdomadarum cuiuslibet anni habueritis et tenueritis, ex quo hactenus habundantia mercanciarum, rerum venalium, mercatorum et populi vtriusque sexus multitudo pro mercanciarum et rerum predictarum vendicione, empcione et deductione ipsis diebus fori concurrebat et conueniebat; causantibus tamen nonnullis sinistris euentibus forum huiusmodi plurimum est diminitum, propter quod nobis humiliter supplicastis, vt circa hec graciam et fauores vobiscum benigne impertiri dignaremur. Hinc est quod nos vestris instantissimis precibus et supplicacionibus nobis in hac parte porrectis inclinati, ac etiam vt facilius et commodius onera vobis et ipsi loco nostro ad causam fortificacionis, reparacionis et conseruacionis eiusdem loci nostri facere et supportare valeatis, forum predictum qualibet die lune singularium ebdomadarum, vt prefertur, tenendum, pro nobis et nostris successoribus de gracia speciali tenore presentium renouamus et vobis imperpetuum concedimus, saluis tamen semper juribus et emolumentis nobis et successoribus nostris debitis et prestari solitis, statuendo insuper et ordinando, juxta dictas preces atque supplicaciones vestras, pro maiori cuiuslibet ad dictum forum venientis et in eo interessentis libertate, quod nullus burgensis seu incola dicti loci nostri de Bulo aut alius infra districtum castellanie nostre eiusdem pro tempore residens, cuiuscunque condicionis existat, personam, mercancias, denariatas siue bona quecunque cuiusuis extranei vel etiam de dicta castellania qui ad dictum forum pro tempore venerit die fori predicti, veniendo, stando et redeundo barrare, arrestare, occupare, detinere vel de illis quouis quesito colore clamam facere possit aut illos impedire, nisi pro delicto vel casu criminali, quod si secus attemptatum fuerit, pro nullo habeatur, nisi pro delicto vel casu criminali, nec talis qui barratus extiterit ad aliquod bannum vel interesse domini vel partis conquerentis ea de causa sit astrictus, quin ymo impedimentum procurans bannum quinque solidorum monete nostre Lausannensis nobis applicandorum pro qualibet vice incurrat, ad quod soluendum possit et debeat compelli, vt moris est aliorum. Mandantes eciam et precipientes nostris subdictis de Alba Aqua, de Rotavilla et de Ruppe ac omnibus et singulis ipsorum mandamentorum, vt ipsi et eorum singuli suas mercancias et denariatas quas vendere et ad forum conducere voluerint, ad prefatum forum de Bulo conducant et conducere faciant de cetero. Vt autem forum predictum cursum et nomen magis accipiat de vendicione et expedicione bladorum, mercanciarum et rerum venalium que ibidem conducentur, juxta per vos supplicata, vt prefertur, statuimus similiter et ordinamus quod nulli burgensi et habitatori dicti loci nostri de Bulo liceat, hinc ad tres annos proxime futuros a data presentium incohandos, mercancias, denariatas seu alias res quascunque venales de Bulo conducere vel portare seu conduci aut portari facere ad aliud forum, preterquam ad ipsum forum Buli, nisi prius illas ibidem vna die dicto foro durante debite et sine fraude venditioni publice exposuerit et tenuerit, aut etiam illas denariatas et mercancias in ipso foro Buli emerit, et hoc sub banno trium solidorum dicte monete nostre Lausannensis, vt prefertur, nobis applicandorum, pro quolibet contrafaciente et pro qualibet vice; super quibus bannis inquirere et inquiri facere, ac illa exigere et percipere valeamus. Ceterum quod nullus burgensis vel residens Buli aut alius quicunque possit vel debeat in dicto loco nostro de Bulo quodcunque bladum vendere, nisi ad mensuram ipsius loci et in die fori predicti ac in loco ad hec deputato seu deputando, eciam sub simili banno trium solidorum similium nobis, vt prefertur, applicandorum et percipiendorum. Preterea pro continuacione dicti fori, vestris etiam precibus et supplicationibus annuentes, statuimus et ordinamus quod quilibet burgensis et habitator Buli secundum possibilitatem suam teneatur emere et leuare die fori predicti de mercanciis et denariatis venalibus ibidem existentibus, de consensu tamen vendentium et pro precio competenti, et ad hoc faciendum possint compelli per castellanum nostrum aut eius locumtenentem, ad requestam seu querelam gubernatoris ipsius loci nostri de Bulo vel alias, si opus sit, prout eidem castellano nostro aut eius locumtenenti predicto visum fuerit expedire. Volumus insuper et ordinamus quod in ipso foro de Bulo nos et successores nostri habeamus et percipiamus qualibet dicta die lune in qua forum, prout supra, habebitis, vendas ac alia jura et emolumenta, sicuti predecessores nostri et nos habere et percipere consueuimus qualibet die sabbati in foro ciuitatis et ville nostrarum Lausanne, prouiso eciam quod subdicti nostri et ecclesie nostre Lausanne qui sunt immunes in Lausanna de non soluendo vendas et alias jura et emolumenta predicta, ex nunc et imperpetuum in dicto foro de Bulo vendas et jura et emolumenta huiusmodi soluere minime teneantur. Datum in ciuitate nostra Lausannensi, sub sigillo camere nostre, presentibus venerabilibus viris dominis Jacobo de Prouanis, priore prioratus sancti Sulpicii, magistro hospicii nostri, Stephano Garnery, sacrista et vicario in spiritualibus, Richardo de Fonte, officiali nostro, canonicisque Lausannensibus, Jacobo Arconcery, canonico Sedunensi, procuratore fiscali, Franscisco de Menthone, in temporalibus vicario, cum pluribus aliis capellanis, scutiferis et familiaribus nostris, videlicet die sabbati sexta mensis februarii, anno a Natiuitate Domini millesimo quadringentesimo quinto.

Per dominum Hugo de Beea.

Leuata est presens littera ad opus predicte ville.

*Original:* perdu (autrefois aux Arch. de Bulle, tiroir B n° 22).
*Copie:* Arch. cant. vaudoises, Ac 6 fol. CX.
*Impr.:* ASHF III p. 128 n° LII.

**26.** *Ensuite du décès de Georges de Saluces (4 novembre 1461), évêque de Lausanne, le chapitre de Lausanne confirme les libertés et franchises de Lutry, Glérolles, Bulle, Avenches, Corsier et Lucens.* — 1462 VI 22. Lausanne, in capella beate Marie virginis ecclesie cathedralis.

*Original:* parch. 39/70 cm.; Arch. de Bulle, tiroir B n° 32a.
*Sceau:* détruit.

**27.** *Guillaume de Varax, évêque de Lausanne, confirme les libertés et franchises, us et coutumes, tant écrits que non écrits, de Lausanne, Lutry, Glérolles, Corsier, Bulle, Villarzel, Avenches et Lucens.* — 1462 VII 18. Lausanne, ante portam que appellatur vulgariter porta sancti Stephani.

*Original:* parch. 40/59,5 cm.; Arch. de Bulle B n° 32 b.
*Sceau:* détruit.
*Copie:* double feuille de papier 30/32,5 cm.; Arch. de Bulle A n° 4 (annexée à l'original). Cette copie est du XVIIIe siècle.

## 28. Accord entre Bulle, Vuadens, Morlon et Marsens au sujet de l'entretien des lépreux.

1464 III 22.

Nouerint vniuersi et singuli presentes pariter et futuri quod cum litis et questionis | materia verteretur, majorque verti et moueri in futurum speraretur inter burgenses et incolas ville Buli ex vna parte, et | probos homines et incolas villagiorum et locorum de Vuadens, de Mollon et de Marsens, parrochianos ecclesie parrochialis Buli, ex reliqua | parte, quod cum Jaquetus Asteir ex permissione diuina morbo lepre crucietur et effectus fuerit leprosus qui petierit sibi fieri vnam | leproseriam seu maladeriam aut domum in qua morari posset et alia fieri que leprosis sunt fieri consueta, in cujus domus | maladerie auxillium et subsidium dicebant et proponebant hiidem incole et burgenses de Bulo alios parrochianos villagiorum | predictorum teneri et contribuere debere seque juuare et supportare ad missiones et expensas ejusdem Jaqueti Asteir et domus maladerie | ejusdem teneri de jure ac loci et patrie consuetudine. Dictis vero forensibus parrochianis et incolis locorum predictorum de Vuadens, | de Mollon et de Marsens dicentibus et asserentibus ad premissa minime teneri nec cogi posse ex eo quod dictus Jaquetus Asteir qui | vt supra a Deo permittitur leprosus est, effectus est de villa Buli, dictosque burgenses Buli ad domum ejusdem leprosi et alia | ejusdem Jaqueti onera et missiones teneri et debere, seque ab hiis esse immunes. Tandem post multas altercationes | hinc et inde habitos fuerunt personaliter constituti Rodulphus Porteir veluti preceptor et commendatarius ville et communitatis | Buli et eo nomine, ex vna, Aymo Perretaz, alias Villiet, commendatarius villagii de Vuadens, vna secum Philippus Tersier, Johannes | Brunet et Johannes Borcar, omnes loci de Vuadens, ac Johannetus Magnyens et Perretus Bosson, loci et villagii de Marsens, nominibus | suis propriis tantum, volentes et assertantes de premissa questionis materia ad bonam pacem transquilitatem et conclusionem | deuenire vt parcium parcatur laboribus, missionibus et expensis de dicta questionis materia dicentes prudenter et spontanei | ac de juribus suis plenarie certifficati, aduisi et consulti atque bene premeditati, nominibus quibus supra, mediante tractatu amicabili | nonnulorum dictarum partium amicorum concordauerunt, conuenerunt et transigerunt vt sequitur: videlicet quod illi | de Vuadens et de Marsens debeant et teneantur ex nunc imperpetuum juuare illos de Bulo pro dicto Jaqueto Asteir et omnibus | aliis quibus morbus lepre contingerit accedere et similis casus euenerit, quod Deus aduertat, ad supportandum et soluendum | missiones et expensas atque onera pro eorum rata. Et vice uersa, dicti de Bulo ex nunc et perpetue teneantur et | debeant illa de Vuadens et de Marsens tociens quociens casus similis euenerit et morbus lepre alteri ipsorum acciderit, | juuare et onera supportare illius qui ipsorum leprosus fuerit, juxta eorum ratam et portionem. Qamquidem concor-|diam et amicabilem compositionem nos dicti Rodulphus Porteir, commendatarius ville et communitatis Buli, nomine | ejusdem communitatis, de laude tamen et voluntate quorum infra burgensium, Aymo Villiet alias Perretaz, commendatarius villagii | et communitatis de Vuadens, Philippus Tersier, Johannes Bonnet et Johannes Borcar, incole dicti loci de Vuadens, atque Johannetus | Magnyens et Perretus Bosson de Marsens, nominibus nostris propriis tantum, pro nobis et nostris successoribus, laudamus, ratifficamus, | emologamus et confirmamus perpetue per presentes, ac promittimus juramentis nostris ad sancta Dei euuangelia corporaliter prestitis | et sub nostrarum communitatum obligacione bonorum et jurium quorumcumque, vna pars nostrum alteri et altero alteri et[1] contra | sibi ad inuicem et vicissim ratam, gratam et firmam habere perpetuo et tenere, attendere, complere ac inuiolabiliter obseruare et | contra premissa seu ex premissis aliqua non facere, dicere vel venire quouismodo in futurum, cunctis et singulis exceptionibus, | defensionibus et allegacionibus juris, facti, consuetudinis et statuti patrie et loci, quibus premissa aut premissorum aliqua[2] infringi | possent aut in aliquo irritari, penitus et expresse renuntiando. Nos vero infra scripti burgenses et incole Buli de quorum | laude, voluntate et consillio supradictus Rodulphus Porteir, commendatarius noster, ad transactionem cum quibus supra parrochianis | processit, videlicet nos Petrus Marsens, notarius, Cristinus Alex, Mermetus Alex, Nycodus Michiel, Roletus Giglar alias Glasson,| Vldriodus Joly, Cristinus Judet, Cristinus Porteir et Johannes Tabussaud, dictam amicabilem concordiam, etiam in quantum | in nobis est, laudamus, ratifficamus et emologamus pro nobis et nostris successoribus, premissisque omnibus consentimus, ac nostrum | prebemus assensum pariter et consensum. In cujus rei testimonium, nos decanus

[1] *Sic.*

[2] *Sic, pour* aliquid.

de Ogo ad preces et requisitionem | omnium et singulorum supradictorum quorum interest et intererit in futurum nobis fideliter relatas per Guillelmum Bruczodi de Bulo, | clericum quondam juratum nostrum post cujusquidem Guillelmi Bruczodi obitum, presentem litteram nondum leuatam de suis ejusdem Guillelmi | registris seu notulis ejus manu scriptis extrahi fecimus atque grossari per Aymonem Ponne, in Bulo notarium publicum etiam | juratum nostrum, qui nobis fideliter retulit premissa in eisdem prothocollis seu notulis inuenisse substancialiter scripta atque notata | et quibus juratis nostris predictis super hiis vices nostras commisimus et sibi fidem plenariam adhibemus sigillum nostri decanatus | de Ogo presentibus litteris duximus apponendum. Datum die vicesima secunda mensis martii anno Domini millesimo quatercentesimo | sexagesimo tertio.

Leuata et dupplicata est presens littera ad | opus ville et communitatis Buli tantum. Idem A. Ponne commissarius.

*Original:* parch. 42/41 cm.; Arch. de Bulle, tiroir B n° 34.
*Sceau:* détruit.
*Copie:* une copie partielle et très défectueuse, sur papier, de 1826, est annexée à l'original.
*Impr.:* ASHF III p. 132 n° LV.

**29.** *Guillaume de Varax, évêque de Lausanne, confirme les libertés et franchises de Lausanne, Lutry et de toute la terre de l'évêché. Cet acte porte au dos la mention:* Les moindres tiltres de la ville. — 1465 VI 1, 6.

*Original:* parch. 47/61 cm.; Arch. de Bulle, tiroir B n° 36.
*Sceau:* détruit.

**30.** *Girard de Bruel, châtelain de Bulle, met en liberté Marguerita, veuve de Cristinus Cornyer, de Bulle, parce qu'elle avait été emprisonnée sans cause raisonnable, donc contrairement aux franchises et libertés de la ville; il la remet* citra pontem castri in signum vere remissionis et liberationis a vinculis. *Cette mise en liberté est faite à la demande des syndics de la cathédrale de Lausanne, de la part du chapitre, le siège épiscopal étant vacant.* — 1472 VI 21. Actum Buli in introitu pontis in platea castri.

*Original:* parch. 45,5/25 cm.; Arch. de Bulle, tiroir B n° 41.
*Non scellé.*
*Impr.* partielle: ASHF III p. 134 n° LVI.

**31.** *Humbert Marsens, notaire, gouverneur de Bulle, et les bourgeois de cette ville ayant demandé à Julien de la Rovère, évêque de Lausanne, de confirmer les franchises de la ville avant d'en prendre possession, Libertes de Nanis, représentant de l'évêque, jure de maintenir toutes les franchises de Bulle.* — 1474 III 28. In platea communi ante portam superiorem ville Buli.

*Original:* parch. 58/19 cm.; Arch. de Bulle A n° 5, tiroir B n° 44.
*Non scellé.*
*Copie* du XVIIIe siècle, papier, Arch. de Bulle, même cote.
*Impr.:* ASHF III p. 136 n° LVIII.

**32.** *Rodolphe, coseigneur de Vuippens, vend à Aymon, coseigneur de Vuippens, fils de feu Girard, sa part de la dîme de Bulle, pour le prix de 56 lb.* Laus. bon. — 1475 V 5.

*Original:* parch. 42,5/29 cm.; Arch. d'Etat, Fribourg, titre de Bulle n° 89.
*Sceau:* détruit.
*Impr.* partielle: ASHF III p. 138 n° LIX (indique, par erreur, dans le titre, Girard de Vuippens comme acheteur).

## 33. Traité de combourgeoisie de Bulle et de Riaz avec Fribourg.
1476 I 16. Bulle.

Nous le gouerneur, banderet, les nobles, bourgeois, habitans et residans de la ville et communauté de Bulo et du village de Rya sauoir | fesons a tous ceulx qui verront et liront ces presentes, que, comme ensi soit que les spectables et puissant seigneurs messeigneurs l'auoyer, Conseil et communauté de Fribourg, | a nostre instant prière et suplication, noz ayent recehus et noz perpetuels successeurs pour leurs perpetuels bourgeois, promectant de nos | mantenir, fauoriser et deffendre feablement comment tous aultres leurs bourgeois residans en leur ville de Fribourg, constant et apparissant | leur licteral sele qu'ilz noz ont donné et fait. Est assauoir que nous lesdis de Bulo et de Rya, cognoissant la bonne et amiable affection | que lesdis seigneurs de Fribourg noz ont demonstré, nous les en mercions grandement, et ensuyuant le deuoir de ladite bourgesie nous | lesdis de Bulo et de Rya pour noz et noz perpetuels successeurs auons juré et promis, jurons et promectons solempnellement par ces presentes | d'estre feal et obeissant eisdis seigneurs de Fribourg, leur aydier et les seruir a noz propres missions de corps et de bien, comme aultres | leurs bourgeois residans en leur ville de Fribourg, en tous et vng chescun leurs affaires, tantesfoys et quantesfoys que nous lesdis de Bulo | et de Rya en serons requis et ammonestés de la part deisdis seigneurs de Fribourg scelun leur disposition et cognoissance. Et nonobstant ladite | bourgesie, seront attenus lesdis de Bulo et de Rya de payer les piages, pontenages et aultres exactions accustumées, tant en la ville de | Fribourg comme en leur jurisdition et seigniories, sans aulconne contradition, sauluéz et reservéz les tallies, imposition et gait, a quoy | nous ne serons aulconnement attenus de contribuir, ains d'iceulx totalement quictes et exempt. En sourplus, nous lesdis de Bulo et Rya serons | actenus et astreint de donner et payer annuellement eisdis seigneurs de Fribourg en leur dite ville de Fribourg sur le jour de feste saint | Andrieu appostre nommeement deux florins d'or de Rin en signe et recognoissance de ladite perpetuelle bourgesie. Et finablement a esté parlé | et conclus que ladite bourgesie se doit jurer de renoualler per nous lesdis de Bulo et de Rya et noz perpetuels successeurs de cinq ans | en cinq ans, le prochain mardi après feste Penthecoste. Et se aulconne foys par quelque occupation ledit serement comme deuant | ne s'acomplist, que pourtant ladite bourgesie ne doige aulconnement estre infrainte ne cassée, ains que tel serement se doige faire et | acomplir puis après au plustost que convenablement seroit possible a la requeste deisdis seigneurs de Fribourg, sans tout agait. Reseruant | toutesfoys nous lesdis de Bulo et de Rya nostre naturel et très reuerend seigneur l'euesque, ensemble l'esglise de Lausanne, scelun le contenu de nos | libertés et franchises. En tesmoigniage et fermeté desquelles choses, nous le doen d'Ogo, a la instant prière et supplication deisdis | de Bulo et de Rya, auons fait pendre et mettre le propre seal de nostre doyné en ces presentes et icelles fait signer dez signet manuels | dez deuxs notaires cy après escript en corroboration dez choses susdites. Donné et fait au lueff de Bulo, auquel lueff lesdis de Bulo [et] de Rya | sont estés conuoqués communellement pour cestuy acte et affaire, le seziesme jour de moix de januier, en l'an de la Nativité nostre Seigneur courant | mil quatre cens septante et six.

A. Pone, sigilifer. Ja. Porterii.

*Originaux:* ce traité a été établi en deux exemplaires. A Exemplaire de Friburg: parch. 43/36 cm., y compris l'onglet de 6,5 cm.; Arch. d'Etat, Fribourg, titre de Bulle nº 153. B Exemplaire de Bulle, perdu.

*Sceau:* de A: du décanat d'Ogoz, cire verte, en navette sur double queue de parch.; légende illisible.

*Vidimus:* de B, du 27 mai 1727, par les notaires Nicolas et J. Castella, parch. 42/30,5 cm.; Arch. de Bulle A nº 6.

*Copies:* du vidimus de B: 1º du 6 mars 1782, papier 4 feuillets 21/32,5 cm.; Arch. de Bulle A nº 74; 2º du 9 octobre 1794, papier 2 feuillets 21/35 cm.; Arch. de Bulle, sans cote. Ces deux copies sont annexées au vidimus.

*Impr.:* de A, MDR 1e série XXIII p. 93 nº 241.
*Regeste:* MDR 1e série XXIII p. 475 nº 624.

**34.** *Benoît de Montferrand, évêque de Lausanne, confirme les concessions et ordonnances relatives aux marchés accordées à la ville de Bulle le 6 février 1445 (voir ci-haut nº 25) par l'évêque Georges de Saluces.* — 1477 VIII 22. Bulle.

*Original:* perdu (autrefois aux Arch. de Bulle).
*Impr.:* ASHF III p. 139 nº LX.

**35.** *Cristinus Porter, pour un tiers, Marguerite veuve de Jean Porter, tutrice de sa fille Mermette, pour un tiers, et Claude de Broch, tuteur de François, Ambroise et Jeannette, enfants de Jacques Porter, décédé, pour le troisième tiers, reconnaissent tenir la porterie des deux portes de Bulle de l'évêque de Lausanne, en termes identiques à ceux de la reconnaissance du 15 juin 1378.* — 1478 V 19.

*Original:* Arch. d'Etat, Fribourg, grosse de Bulle nº 50 fol. lviij à lx.
*Impr.* partielle: ASHF III p. 142 nº LXII.

## 36. Panaterie de Bouleyres.

1478 V 22.

Ego Franciscus [Richonet filius quondam Perreti filii Mermeti Richonet de Riaz] . . . confiteor me tenere . . . a domino episcopo Lausann. . . . partem meam panaterie de Bolery indiuisam cum heredibus Rodulphi de Bulo et cum salterio Bulli et heredibus dicte Fanessaz[1], dicti Souterat et dictorum Jorant. . . . Datum die vicesima secunda mensis maii, anno Domini millesimo quatercentesimo septuagesimo octauo. A. Octhonini.

*Original:* Arch. d'Etat, Fribourg, grosse de Bulle nº 50 fol. lxviij rº et vº.
*Impr.:* ASHF III p. 142 nº LXIII.

---

[1] *Ou* Fauessaz, *sic pour* Francessaz? *Voir la reconnaissance du 24 mai 1501, cidessous nº 46.*

**37.** *Pierre de Prez, châtelain de Bulle, nomme Jacques du Pâquier* (Jacobus de Pascua) *son lieutenant pour l'office de la mayorie.* — 1479 XI 29. Bulle.

*Original:* perdu? Il se trouvait aux Arch. d'Etat, Fribourg, mais il n'a pu être retrouvé.

*Impr.* partielle: ASHF III p. 143 nº LXV.

## 38. Décisions de la bourgeoisie.

1481 VI 26.

Nos Glaudius de Broch, meo et gubernatorio nomine communitatis et ville Buli, Petrus de Euerdes, domicellus, | Nicodus Marsens, notarius, Perretus dou Baz, Jaquetus Ficiaul, Petrus Marsens, notarius, Guillelmus, filius Petri Porteir absentis | dicti ejus patris, Johannes de Muris, Humbertus Alex, Johannetus Blanchet, Jaquetus Coudron Jaquinus de Sauctya, | Glaudius de Croso, Rodulphus Ginilliod, Petrus Judet, junior, Humbertus Judet, Hugo Grumallie, Johannes Alex, Petrus | de Gex, senior, Guillelmus Michiel, Johannes dou Villar, Anthonius dou Villar, clericus, ejus filius, Guillelmus Perrecta, | Anthonius Gex, filius quondam Nicodi Gex, Petrus Vuillyi, alias de bella Rispa, Henricus dou Baz, Johannes Giglard, alias | Glasson, Petrus et Nicodus dicti Marsens, fratres, Petrus Perretaz, Vuillelmus de Gex, Johannes dou Baz, junior, Humbertus | Coctuz, Jaquetus de Marsens, Guillelmus de Marsens, Mermetus de Marsens, Guillelmus Grumallie, Vldriodus de Chauanes, Glaudius | Perretaz, Cristinus Garens, Johannes Musser, Jaquetus Gex, Johannes Ardioz, Petrus de Muris, Nicolletus de | Soucens, burgenses et habitatores ville Buli, nostris et omnium aliorum habitatorum Buli, totiusque nostre posteritatis | nominibus, solito more, propter infrascripta peragenda sono campane ecclesie hospitalis Buli in ecclesia ipsius | hospitalis ad invicem congregati atque personaliter convocati. Quia humane conditionis memoria ex temporis | fluxu labitur, nouit prudentium antiquitas res gestas prout geste sunt scripture testimonio commendare cum-|que in scriptis rediguntur, preterita velut presentia representant. Igitur congruit ad eternam rei geste memoriam | que agere volumus vt in scriptis redigantur, ergo habito inter nos et quemlibet nostrum maturo et deliberato | consilio, viso bono meliori atque vtiliori et per bene laudabili pro bene viuendo, vnanimiter ex mutuo consensu | cuiuslibet nostrum pro nobis et nostris heredibus quibuscumque fecimus, statuimus, pepigimus, conuenimus | et ordinauimus pro omnibus et singulis negotiis et factis communibus dicte ville Buli, excepto facto | ecclesie dicte ville, jurejurando perpetue et irreuocabiliter tenendum et obseruandum, videlicet quod | in dictis negotiis peragendis major pars hominum dictarum communitatis et ville minorem partem | dictorum hominum importet et credentiam habeat, adeo quod quicquid a modo in antea per dictam | majorem partem dictorum hominum de dictis negotiis dicte ville fuerit conuentum et ordinatum | quod habeat locum et effectum absque quacumque contradicione nec obuiatione. Inde fienda cui seu | quibus contradicione et obuiatione[1], nos prefati habitatores et quilibet nostrum renunciamus horum | per tenorem, tenemurque et promittimus nos dicti habitatores et quilibet nostrum insolidum prout | cuilibet nostrum competit pro nobis et nostris predictis, juramentis nostris ad sancta Dei euuangelia | corporaliter prestitis et sub expressa obligatione omnium et singulorum bonorum nostrorum et cuiuslibet | nostrum, mobilium et immobilium, presentium et futurorum quorumcumque, premissa omnia et singula prout | super sunt descripta, et de verbo ad verbum aduocata, rata, grata atque firma habere, attendere, | tenere, complere atque firma et illesa, inuiolabiliter obseruare, contraque predicta siue presentem litteram | non facere, dicere vel venire per nos seu alterum nostrum quouismodo in futurum, sub omni | et qualibet renuntiatione ad hec necessaria pariter et cauthela. In cujus rei testimonium nos | decanus de Ogo ad preces et requisitiones dictorum habitatorum nobis fideliter relatas per Petrum Marsens, | de Bulo, notarium juratum nostrum, de cujus registris presentem litteram . . .[2] extrahi fecimus et | grossari post eius obitum per Anthonium dou Villard, de Bulo, juratum nostrum, quibus jurare predictis | super hiis vices nostras commisimus et eisdem fidem plenariam adhibemus, sigillum dicti nostri decanatus | de Ogo presentibus duximus apponendum. Datum die vicesima sexta mensis junii, anno Domini | millesimo quatercentesimo octuagesimo primo.

Idem Anthonius dou Villar, commissarius.

*Original:* parch. 30/28 cm.; Arch. de Bulle, tiroir B n⁰ 51.
*Sceau:* détruit.
*Impr.* partielle: ASHF III p. 144 n⁰ LXVI.

[1] *Sic.*
[2] *Un mot illisible, peut-être* leuari.

**39.** *Pierre de Prez, châtelain de Bulle, met en liberté Pierre, fils de Jean Rebrassier, et Claude, fils d'Aymonet de Novalles, de Vuippens, prévenus d'homicide commis à Marsens sur la personne de Jaquet, fils de feu Louis de Champmuffens alias Perrier. Les prévenus ayant été arrêtés en la maison de Pierre Judet alias Barbier, à Bulle, cette arrestation était contraire aux franchises de la ville qui prévoient* quod ne quis infra domus repertus capi seu detineri debeat sine judiciali cognitione. *La libération est faite à la demande de Claude de Broch, gouverneur de la ville, et de plusieurs bourgeois.* — 1481 XII 22. Bulle.

*Original:* 50/34,5 cm.; Arch. de Bulle, tiroir B n° 49.
*Sceau:* détruit.
*Impr.* partielle: ASHF III p. 145 n° LXVII.

## 49. Nomination du mayor de Bulle. Serment, droits et obligations.

1483 X 10. Lausanne.

In nomine Domini, amen. Per hoc presens publicum instrumentum cunctis fiat manifestum quod anno a Nativitate eiusdem Domini sumpto millesimo quatercentesimo octuagesimo tertio, inditione prima, cum eodem anno sumpta, die vero sabbati post festum beati Dyonisii decima mensis octobris, in mei[1] notarii publici et testium subscriptorum presentia personaliter constituti, reverendus in Christo pater et dominus, dominus Benedictus de Monteferrando, Dei et apostolice sedis gratia Lausanensis episcopus et comes, suo et mense episcopalis Lausannensis suorumque in ecclesia Lausanensi successorum nominibus, ex vna, et nobilis vir Petrus de Pres, filius quondam nobilis viri Nicodi de Pres, morans in Bulo, suo et suorum heredum et successorum, causamque ab eo habentium et habiturorum ad hoc idoneorum quorumcumque, parte ex altera. Idem vero nobilis Petrus, ex eius certa scientia et animo deliberato, non vi, non dolo, non metu ductus vel seductus, sed sciens, gratis et spontaneus pro se et successoribus suis quibuscumque, facit et prestat homagium ligium et nobile pre cunctis dominis prelibato domino episcopo presenti pro se et suis et quibus supra nominibus stipulanti genibus flexis, zona deposita, manibusque suis inter manus prelibati domini episcopi junctis et orum obsculo[2] interveniente, prout in talibus consuetum est fieri, et prout et quemadmodum nobilis Rodolphus de Bulo et eius predecessores a quibus titulo submentionato idem nobilis Petrus causam

[1] *Dans la copie n° 2* mis. [2] *Sic, pour* osculo.

habet predecessoribus prefati domini episcopi homagiarunt et homagium fecerunt et prestiterunt, et promisit propter hoc idem nobilis Petrus de Pres pro se et suis predictis juramento suo ad sancta Dei evangelia corporaliter et solemniter prestito et sub rerum feudalium dicti homagii expressa obligatione se esse bonum et fidelem hominem ligium et legalem vassallum erga prefatum dominum episcopum et suos predictos eorumque commodum et honorem procurare et incommodum evitare, et omnia et singula facere, tam de jure quam [de] consuetudine, que bonus homo ligius et legalis vassallus domino suo facere debet et prestare tenetur secundum novam et antiquam fidelitatis formam. Quibus sic pactis[1] ad supplicationem dicti nobilis homagiantis de rebus feudi quibuscumque ipsum eundem Petrum, pro se et suis predictis, stipulantem et recipientem, idem dominus episcopus, pro se et suis predictis, inuestivit et retinuit, per unius pugionis evaginate ad eiusdem Petri manus traditionem. Prefatus vero nobilis Petrus, pro se et suis predictis, confitetur et publice recognoscit tenere et possidere ab eodem domino episcopo et suis in feudum nobile ligium et sub et de homagio nobili prestito et successione dicti eius quondam patris ac partagio inter se et nobilem Aymonem de Prez eius fratrem, facto, res et officium ac jura eiusdem submentionatas[2], dudum per dictum eius patrem a domino Petro de Everdes jurisperitum[3] pretio ducentarum librarum acquisitas, ac etiam ex quadam pronuntiatione per bone memorie dominum Guilliermum de Challant, quondam Lausannensem episcopum, in favorem dicti quondam nobilis Nicodi de Prez, patris dicti recognoscentis, et nobilis Ludovici de Langino, domini de Everdes, tunc contendentium facta, quas res sequentes idem recognoscens ad presens suo preprestito juramento ad presens[4] asserit fuisse de juribus dicti homagii et de bonis dicti quondam Rodolphi de Bulo.

Primo[5] maioriam seu officium et exercitium ipsius maiorie de Bulo cum juribus et pertinentiis que sunt hec, prout juramento predicto consueuit vti et dictum patrem suum vsum fuisse sciuit, videlicet:

---

[1] *Sic, pour* peractis, *que donne du reste la copie n° 2.*

[2] *Sic, pour* submentionata. [3] *Sic, pour* jurisperito.

[4] *Ces deux mots sont ainsi répétés par erreur.*

[5] *En marge* maioria. *Nous avons divisé le texte en paragraphes pour la commodité de la lecture.*

Primo potest et debet tenere per se vel suum deputatum locum tenentem curiam suam in Bulo post curiam castellani de Bulo.

Item habet et habere debet idem nobilis maior seu eius deputatus pro qualibet clama in manu sua in territorio Buli tantum facta sex denarios bonorum Lausannensium.

Item appellationes coram ipso et ab eius audientia facta devolvuntur ad dictum castellanum Buli.

Item habet facultatem ponendi et recipiendi pastores seu communiarios bestiarum seu animalium dicte ville Buli, et percipit a quolibet pastore ordinato et recepto pro qualibet vice seu quolibet anno videlicet unam cupam vini valentem sex potos mensure Buli.

Item debent iidem pastores ducere et conducere cum aliis animalibus ville predicte animalia bouva, porcina, caprina et alia similia, custodire libere sine tributo eisdem pastoribus solvendo.

Item habet idem maior pasturagium sive pastionem liberum in nemore de Boleris pro porcis et porcinis animalibus suis ipsius maiorie.

Item percipit et percipere consuevit cum porterio ville Buli et foresterio nemoris de Bolieres predicti vnum denarium Lausannensem super et a quolibet focum faciente in villa Buli, de quo denario habet tertium et dicti porterius et foresterius quilibet vnum tertium dicti denarii seu denariorum exactorum, prout hactenus extitit consuetum.

Item dicit quod est vsitatum quod idem maior habet et habere debet primam cognitionem in curia castellani Buli, videlicet in omni casu tam criminali quam civili.

Item dicit quod sicut assuetum est quod[1] si idem maior antequam castellanus Buli petat aliquod bannum sexaginta solidorum, et coram se ipso maiore vel eius deputato cognoscatur et adjudicetur, ipse maior dictum bannum debet remittere dicto castellano adjudicatum, et in illo banno sexaginta solidorum sic adjudicato et remisso percipit et percipere debet idem maior decem solidos.

Item habet et habere debet idem maior in villa de Bulo omnes linguas bouualium animalium que macellantur in et pro macello, vnacum lombis porcorum pro dicto macello operatorum et preparatorum et vicellatorum[2], seu duos denarios pro lombis cuiuslibet porci macellati.

[1] *Sic.* quod *est ainsi répété.*

[2] *Sic. pour* macellatorum?

Item debet habere in quibuslibet nuptiis que solemnizantur in Bulo primum dapem seu primum discum munitum situatum et positum ante sponsam, et unum quarteronum vini pro quibus solent soluere sibi maiori tres solidos, et pro hoc debet associare et honorare dictam sponsam et conducere ad nuptias.

Item magis tenere confitetur in et de ac sub homagio et feudo predictis medietatem novem librarum bonorum Lausannensium annualium indivisarum cum domino de Everdes percipiente, aliam mediedatem ad causam dicti Rodolphi de Bulo qui easdem sub dictis homagio et feudo cum dicta maioria recognoscit, que ab ipsis maiore et domino de Everdes percipiuntur super taliis et exitibus denariorum domino episcopo prefato debitis in Alba Aqua.

Item tenere confitetur sub et de homagio et feudo predictis medietatem novem librarum bonorum Lausannensium ex eius certa scientia domum suam lapideam sitam in Bulo, loco dicto in castro veteri, juxta cimisterium ecclesie Buli ex oriente, quandam ruetam ex occidente, carreriam magnam publicam ex vento et quandam plateam ex borea, cum juribus et pertinentiis, quam asserit et vult moveri de huiusmodi feudo cum omnibus premissis fondisque, juribus et pertinentiis suis quibuscumque; asserens idem maior suo juramento prestito alia non tenere de huius modi feudo quod sciat neque de presenti recordetur, verum tamen protestatur expresse quod si plus reperiretur tenere tam secundum antiquas vel novas literas quam alias quod recognoscere et specificare possit et valeat quando ad eius notitiam pervenerit sine eorum domini et vassalli prejudicio.

Item confitetur quod tenet idem confitens titulis predictis que fuerunt dicti Rodolphi de Bulo de homagio per Perrodum de Ferlens dudum predecessoribus prelibati domini episcopi Lausanne prestito, medietatem turris, casalis et domus fortis du Chaffa, alias Chaffallo, sitorum supra Rias prout inter fossalia comprehenditur, vnacum casali grangie ibidem dudum edificate, fondisque vtilitate, juribus, pertinentiis et appendentiis vniuersis et singulis, sub conditionibus in litera per dictum Perrodum de Ferlens et Girardum de Ferlens, eius fratrem, tam simul quam divisim, bone memorie domino Johanni episcopo Lausanne laudatis, contentis et descriptis, ad quas omnes literas, quas idem dominus episcopus habet, se referunt, et quibus in toto vel in parte dicte partes non derogant, sed illese remanent in suis roboribus; in quibus literis fit mentio quod dicta turris seu domus fortis de Chaffallo situatur inter rivallum de Chavabli[1] et fontem Andree usque ad fondum vallis, vnacum tenementis et hominibus atque censibus ibidem et in aliis literis mentionatis.

Item medietatem omnium censium, redditum[2], rerum, possessionum, tenementorum que fuerunt de homagiis per dictum Girardum et Perrodum de Ferlens simul vel divisim dominis Lausannensibus episcopis prestitis et existentibus in dictis literis specificatis et declaratis, quas tenent et tenere possunt vel debent dicti recognoscens et dominus de Everdes simul vel divisim, pro quibus ipsi tenentur prestare homagium, dum inter se super prestatione fienda fuerint concordes secundum tenorem literarum prefati domini episcopi huiusmodi homagii concernentium.

Que omnia idem recognoscens specificare tenetur et promitit infra terminum juris et ultra ad requisitionem prefati domini episcopi et suorum predictorum. Et hoc, quantum sibi fuerit possibile, promittit juramento et obligationibus suis predictis attendere et observare inviolabiliter et in perpetuum rataque, grata, vallida atque firma habere et tenere, contraque eadem aut aliquid eorumdem non facere, dicere vel venire per se vel alium quovismodo in futurum, damna vero, missiones et expensas occasione eorumdem premissorum in toto vel parte non attentorum, completorum et observatorum eidem domino episcopo et suis predictis reddere, restituere et integre resarcire.

Renuntians igitur in hoc facto idem nobilis Petrus de Prez, confitens ex eius certa scientia vique sui jam super prestiti juramenti omni exceptioni, doli mali, metus, in factum actioni, exceptioni dictarum recognitionis, confessionis, promissionis, obligationis, investiture juramenti omniumque premissorum et infrascriptorum non sic rite et non legitime factorum sicut dictorum aut loquutorum, et econtra conditioni indebite ob causam sine causa vel ex injusta causa non sequuta, inepte et erronee recognitioni, juri per quod deceptis in suis contractibus subvenitur omnique alii juri canonico et civili, scripto et non scripto, omni consuetudini, vsui, statuto patrie et loci, quibus contra infra scripta aut eorum aliqua aliquid dici, fieri et opponi posset, signanter juribus dicentibus confessionem extra judicium et coram suo judice non factam et generalem renuntiationem nisi speciali precedente minime valituras. De quibus premissis omnibus dominus episcopus et

[1] *Dans la copie n° 2* Chaualli. [2] *Sic, pour* censuum, reddituum.

recognoscens prefati voluerunt per me notarium et commissarium subscriptum sibi fieri cuilibet unum publicum instrumentum sigillo curie officialatus Lausanne corroborandum. Et nos officialis curie Lausanne ad mandatum prefati domini episcopi, precesque et requisitiones dicti nobilis Petri recognoscentis nobis oblatas fideliter et relatas per Petrum Deschaux, clericum Gebenensem, notarium publicum, extentarum episcopalium Lausanne generalem commissarium curieque nostre juratum, cui super hiis vices nostras commisimus et fidem indubiam adhibemus, sigillum dicte curie nostre literis presentibus duximus apponendum. Acta fuerunt hec in castro sancti Marii, videlicet in stuffa[1], presentibus nobilibus acque discretis viris domino Rolino Fabri, cappellano curato de Cossonay, Bonifacio de Villarzel, Bernardo de Herlac, scutiffero, Henrico Colleti, procuratore fiscali episcopali, Jacobo Marchiandi et Thomas Stagin alias Depetra, camerario, et familiaribus prelibati domini nostri Lausannensis, et pluribus aliis fide dignis testibus vocatis et rogatis. Et quia ego Petrus Deschaux de Gebennis, clericus, authoritate imperiali notarius publicus, curiarumque illustrissimi principis domini nostri Sabaudie ducis ac officialatus Lausanne juratus predicti homagii prestationi, inuestiture, confessioni, omnibusque et singulis premissis dum sic agerentur, dicerentur et fierent, cum prenominatis testibus presens fui eaque sic fieri tractari, vidi et audivi, igitur presens publicum instrumentum sub sigillo predicto in notam rogatus[2] recepi, in hancque publicam formam redegi, per aliumque facultate mihi concessa, aliis occupatus negotiis, fideliter scribi feci, manuque propria subscribendo signis mihi solitis signavi et expedivi in robur et testimonium omnium et singulorum premissorum. Petrus Deschaux.

*Original:* perdu.

*Copies:* 1° de 1662, Arch. d'Etat, Fribourg, quernet n° 143 fol. 304 ss.; 2° du XV$^{e}$ siècle, cahier de papier, 6 feuillets sous couverture de parchemin, 19,5/29 cm.; Arch. d'Etat, Fribourg, titre de Bulle n° 22; 3° du XVIII$^{e}$ siècle, Arch. de Bulle A n° 57 (levée sur la copie n° 2). — Seule la copie n° 1 est complète.

*Impr.* partielle: ASHF III p. 146 n° LXVIII.

## 41. Serment du châtelain de Bulle.

1485 XI 21. Bulle.

Ego Anthonius dou Villar, clericus, vicecastellanus | Buli, notum facio vniuersis quod die vecesima | prima mensis nouembris, anno

[1] *Dans la copie n° 2* stupha. [2] *Sic, pour* rogatum?

Domini millesimo | quatercentesimo octuagesimo quinto, ad instanciam | et requisicionem burgensium et incolarum Buli constitutus | personaliter coram me dicto vicecastellano, in auditorio | curie temporalis Buli more solito sedente pro tribunali, | nobilis vir Aymo de Prez, assertus castellanus Buli, deputatus | per reuerendum in Christo patrem dominum Benedictum de Monteferrando, | diuina miseracione Lausanne episcopum et comitem, in | manibus meis dicti Anthonii dou Villar vicecastellani | jurauit per eius juramentum, super sanctis Dei | euuangeliis corporaliter prestitum, bonam, legalem et | realem justiciam quibuscumque personis cuiuscumque status | et condicionis existant, facere et ministrare, libertatesque | et franchesias ville et communitatis Buli obseruare illesas, | neminemque pretextu dicti officii opprimere, neminem- | que precio, amore, timore, affinitate fouere, nec e contra, | bonosque vsus et consuetudines dicte ville manutenere | et non contravenire. De quibus premissis pecierunt burgenses | Buli sibi fieri litteram testimonialem, quam eisdem jussi | conficiendam per juratum subscriptum, presentibus Johanne Grand | et Glaudio Lombar. In cuius rei testimonium nos decanus de Ogo | ad preces dictorum burgensium nobis fideliter relatas per Petrum Marsens | de Bulo, notarium, juratum nostrum, de cuius registris presentem litteram nondum | leuatam extrahi fecimus et grossari post eius obitum per Anthonium | dou Villar, juratum nostrum, quibus juratis predictis super hiis fidem | plenariam adhibemus, sigillum dicti nostri decanatus de Ogo presentibus duximus | apponendum. Datum die et anno predictis. Idem A.$^{us}$ douz Villar.

*Original:* parch. 17,5/15 cm.; Arch de Bulle, tiroir B n° 57.
*Sceau:* détruit.
*Impr.:* ASHF III p. 153 n° LXX.

**42.** *La ville de Bulle accense à Jean Courdi, de Château-d'Oex, la tour située* in magno vico a parte nemoris de Bolery, versus ecclesiam parrochialem, *pour deux sols lausannois annuels. La ville devra conduire sur place tous les matériaux nécessaires à la réparation de cette tour, mais Jean Courdy devra la maintenir en bon état à ses frais.* – 1488 I 1.

*Jean Curdy, n'ayant pu satisfaire à ses obligations, rend la tour à Anthoine de Villario, gouverneur de la ville.* – 1493 V 28.

*Original:* parch. 41/15,5 cm.; Arch. de Bulle n° 4.
*Sceau:* détruit.
*Impr.:* de l'acte de reddition, ASHF III p. 157 n° LXXV.

## 43. Construction des cheminées.

1492 VII 29.

Notum sit vniuersis et singulis, presentibus et futuris, quod propterea que sequuntur | specialiter peragenda fuerunt personaliter constituti viri honesti Johannetus Blan, commendatarius et preceptor ville et communitatis | Buli *[et quarante-quatre bourgeois de Bulle]* ad sonum | campane more solito in vnum conuocati in cappella[1] beati Theodoli hospitalis dicti loci Buli, qui considerantes grauia dampna que | ipsi seu sui predecessores ob ignis incendium temporibus preteritis passi fuerunt et que iterum propter domos ipsius ville, caminis seu | bornis carentes, in futurum pati possent, volentes tam graui periculo cum Dei adiutorio prouidere et possethenus obuiare, igitur | scientes, prudentes et spontanei ac super premissis bene aduisi et consulti, matura cum deliberatione super premissis in simul et ad | inuicem cum consillio habita mutuo enim consensu et pari voluntate nullo ipsorum disceptante seu contradicente, statuerunt, voluerunt | et ordinauerunt pro se et suis successoribus vniuersis in futurum, quod ab hodie in quatuor annos proximos et proxime venturos et sequuturos | omnes habentes domus sine caminis seu bornis teneantur et debeant et astricti remaneant caminos seu bornas sufficientes, | ydoneas et completas in suis domibus et habitacionibus construi et edifficari facere ac edifficatas sufficienter reddere sine dolo. Quod | si non fecerint seu alter ipsorum non fecerit, quod fuit et esse debeant irremissibiliter pro banno sex librarum Lausannensium bonorum pro | quolibet deficiente, ad misericordiam tamen ville sine contradicione. Et vlterius voluerunt, statuerunt et ordinauerunt hiidem preceptor et | populares quod lapso dicto termino quatuor annorum habentes domos et habitacula sine caminis seu bornis in dicta villa Buli non possint | dictas suas domus alicui locare nec ignem in eisdem facere donec caminos seu bornas in eisdem reddiderunt completos et completas | sine dolo et fraude. . . . Datum et actum, vbi supra, die dominica post festum sanctorum Jacobi apostoli et Christofori martiris, que fuit vicesima nona | mensis jullii anno Domini millesimo quatercentesimo nonagesimo secundo. A. Ponne.

*Original:* parch. 43,5/32,5 cm.; Arch. de Bulle, tiroir B n° 64.
*Sceau:* détruit.
*Impr.* partielle: ASHF III p. 156 n° LXXIV.

[1] *Sic, pour* cappellam.

**44.** *Aymon de Montfaucon, évêque de Lausanne, autorise la ville de Bulle à faire les regains et lui donne cinq parcelles de terre* in monte Buli, loco dicto es Vaux, loco dicto es Mulenchieres, loco dicto ou Riaulx Berthod et loco dicto in Cernia Perrodi de Broch et Johannis de Vaulx. *Cet octroi est fait pour le prix de 50 fl. pp. à 12 sols.* – 1493 IX 17.

*Le chapitre de Lausanne approuve cet acte.* – 1494 IV 11.

*Originaux;* A parch. 56/50 cm.; Arch. d'Etat, Fribourg, titre de Bulle nº 37. B parch. 51/49,5 cm.; Arch. de Bulle F nº 1, tiroir B nº 67.

*Sceaux:* A 1º d'Aymon de Montfaucon, rond 48 mm., cire rouge, sur queue de parch.; 2º du chapitre de Lausanne, en navette, env. 40/60 mm., cire brune, sur queue de parch. (mauvais état). B 1º d'Aymon de Montfaucon, rond env. 40 mm., en papier sur queue de parch., légende illisible; 2º du chapitre de Lausanne, en navette 43/67 mm. en papier sur queue de parch.; légende: SIGILL: CAPITV ... NENSIS.

*Copie*: (traduction) Arch. de Bulle F nº 1, tiroir B nº 67 b.

*Impr.* partielle: ASHF III p. 158 nº LXXVI.

## 45. Fravail.

1496 XI 13.

45. *Girard Grumalier, gouverneur de la ville de Bulle, et 35 bourgeois, réunis en conseil* . . . voluerunt, | statuerunt et ordinauerunt quod scindentes in dictis agris [Treme] nemora sint et esse debeant ad offensam et pro dampno erga dictam | villam, videlicet pro qualibet scissione dicti nemoris, banni alias impositi scilicet decem solidorum Lausannensium bonorum dicte ville | et communitati seu suo preceptori, soluendorum sine contradicione per offendentem repertum in dicta scissione seu cum curru vel lobia oneratis. | Et etiam quod si quis ex ipsis reperiatur ducens cum curru suo de lignis et nemoribus suis dictorum agrorum, siue fuerit | extra villam, siue in villa, aut ante eius domum repertus, quod possit per commendatarium et preceptorem dicte ville, qui nunc | est, aut qui pro eo tempore fuerit, prosequi et pugniri, de offensa et dampno per ipsum illatis pro scissione facta in dictis | agris ad ordinationem ipsius ville et pro dictis offensa et dampno illatis summarie et sine figura judicii pignorari,| nisi ipse talis ducens dicta ligna suo corporali juramento ad sancta Dei euuangelia voluerit jurare quod non fuerint | ligna seu nemora scissa in dictis agris, quo casu si jurauerit quictus et liber sit et remaneat a dictis offensa et banno | pro illa vice . . . Datum die dominica post yemale festum beati Martini que fuit decima tertia

mensis novembri | anno Domini millesimo quatercentesimo nonagesimo sexto.

A. Ponne.

*Original:* parch. 41,5/31 cm.; Arch. de Bulle A n° 7, tiroir? n° 68.
*Sceau:* détruit.

## 46. Panaterie de Bouleyres.

1501 V 24.

*Jean Coudurer, fils de feu Vuillierme Coudureyr, de Sorens, tant en son nom qu'en celui de son frère Jaquet et de ses neveux Gabriel et Girard, fils de feu Pierre Coudureyr, reconnait tenir de l'évêque de Lausanne* . . . Item terciam partem panaterie de Bolleres, indivisam cum heredibus Rodulphi de Bullo et salterio Bulli ac heredibus dicte Faneressaz[1], dicti Souterat ac dictorum Jorant . . . Datum sub sigillo curie officialatus Lausanne die vigesima quarta mensis maii, anno Domini millesimo quingentesimo primo.

$P^{us}$ Marchiandi.

Arch. d'Etat, Fribourg, Grosse de Bulle n° 45 fol. $II^c$ LXI et $II^c$ LXII.
*Impr.* partielle: ASHF III p. 164 n° LXXXII.

**47.** *Pierre de Cléry, châtelain de Bulle, délivre aux bourgeois de la ville une lettre testimoniale établissant que les records doivent être consommés sur le territoire de la ville et que les bourgeois n'ont pas le droit de les transporter hors de ce territoire.* — 1504 VIII 16.

*Original:* parch. 42/25,5 cm.; Arch. de Bulle, tiroir C n° 2.
*Sceau:* détruit.

**48.** *Sébastien de Montfaucon, évêque de Lausanne, confirme les concessions et ordonnances relatives au marché de Bulle et octroyées par ses prédécesseurs.* — 1522 X 30. Lausanne.

*Original:* perdu (Arch. de Bulle).
*Impr.:* ASHF III p. 172 n° LXXXIX.

## 49. Interdiction de fréquenter les foires et marchés.

1523 III 9, 12; 1524 IV 3, VII 3. Gruyères.

Nouerint vniuersi et singuli has presentes litteras visuri, | lecturi, pariter et audituri quod propter infrascripta rite et legitime peragenda

[1] *Ou* Faueressaz, *sic pour* Francessaz? *Voir la reconnaissance du 22 mai 1478, ci-dessus n° 36.*

personaliter constituti nobiles, | burgenses ac probi homines infranominati, de voluntate et consensu illustris ac magnifici, potentisque | domini Johannis, domini et comitis Gruerie, signanter nobilis Vuyllem de Aygremont, veluti preceptor et gubernator ac | eo nomine ville et communitatis Gruerie, nomineque suo, atque nobilis vir Johannes de Clerye, burgensis Gruerie ac | honorabiles viri Johannes Castellaz, vexillifer et burgensis Gruerie, Franciscus, filius quondam honorabilis viri Humberti | de Myensiez, burgensis Gruerie, et honesti viri Franciscus Pillicier, Humbertus de Leysin, Claudius Chauciz et Henricus | Fabri, etiam burgenses Gruerie, necnon Ludouicus Castellaz, dictus Doczaz, et Franciscus Pictet, de Espagnye, perrochie Gruerie, | necnon egregius vir dominus Mammertus de Grueria et Johannes Cutriz, notarius de Broch, videlicet ipsi dominus Mammertus de | Grueria et Johannes Cutriz nomine communitatis de Broch, atque Jaquetus Corbet, tanquam preceptor ac eo nomine communitatis | de Villard, et Claudius Moraz, dictus de la Tignaz, de Villard, et Johannes Morier, de Villard, nominibus etiam dicte communitatis | de Villard, atque Johannes Grangier et Anthonius Grosel, antenatus, de Mombouon, seu de communitate de Mombouon, ac Johannes | Castellaz, mistralie de Lessot, veluti preceptor ac eo nomine communitatis de Lessot, et Johannes de Fragnyeres, dictus | Grand Jehan, de Lessot, necnon Petrus Castellaz et Claudius Grymion, de [Ni]gra Aqua, scilicet ipsi Petrus Castellaz et Claudius | Grymion nomine communitatis Nigre Aque, Guilliermus Calyz et Johannetus Cheualleir, de communitate de Estavanens, | atque Perretus Goudard, scilicet ipse Perretus Goudard tamquam preceptor ac eo nomine communitatis de Heiz, ac Roletus Deiz, ante-|natus, et Johannes Gleuo, de Heiz, necnon Johannetus Moret tanquam preceptor ac eo nomine communitatis de Vuadens, | et Petrus Bergier, Petrus filius Vdrici Mayor, ac Claudius Johannod et Petrus Rigot, nomine communitatis de Vuadens predicte, | ac Johannes Escoffey, de Villarsymont, veluti preceptor ac eo nomine communitatis de Villarsymont, atque etiam | Petrus Pyllyvuiz, tanquam preceptor ac eo nomine ville Turris Treme, ac Johannes Sioberez et Claudius Perriard, atque | Franciscus Montet, de Turri Trema, nomine etiam ville Turris Treme predicte, atque etiam Franciscus de Cabanis, parrochie | Gruerie, nomine suo, et Claudius filius Roleti de Cabanis, etiam nomine suo. Qui siquidem nobiles et burgenses | ac probi homines superius nominati scientes, prudentes, gratis et spontanei, non vi, non dolo, non metu ducti, non | cohacti, cupientes totis eorum viribus cogmodum totius patrie Gruerie, bona et matura deliberatione se astrinxerunt et | obligauerunt et presentium tenore se astringunt et obligant prelibato domino comiti Gruerie, in sui ipsius domini presentia, | spacio decem annorum proxime futurorum a presentium data inchoandorum, de non vendere nec etiam emere, nec posse | vendere nec emere quouismodo mercantias nec derratas[1], cuiuscunque speciei sint vel fuerint, in villa Buli, nec infra | terminos dicte ville Buli, die fori dicte ville Buli, dictis decem annis durantibus. Et si casus accideret quod aduenirеt vna | nundena, gallice feriz, in dicta villa Buli die fori eiusdem ville Buli, dictis decem annis durantibus, quod ipsi etiam minime| possint nec quouismodo valeant emere nec vendere derratas[1] nec mercantias, quecunque sint vel fuerint, in predicta villa | Buli nec infra terminos dicte ville Buli illo die. Et si aliquis predictarum communitatum et dicte ville Turris Tre-|me fecerit de contrario seu contra premissa aut ipsorum aliqua fecerit, quod ille sic contraveniens sit exchetus | prelibato domino comiti Gruerie in banno vno sex librarum bonorum Lausannensium pro vnaquaque vice qua vt supra| contrauenerit huiusmodi predictis astrixioni et obligationi, et quod derrata[2] seu mercantia quam ipse contraueniens emerit vt | supra, atque etiam precium quod ipse contraveniens et vendens receperit de derrata[2] per ipsum vt supra vendita, totaliter | pertineant et pertinere debeant ecclesiis existentibus penes locum vnde ipse contraveniens est seu tunc erit, videlicet | quod si ipse contraveniens sit de communitate Gruerie quod dicta derrata[2] seu mercantia vt supra empta et dictum precium derrate[3] | seu mercantie per ipsum vt supra vendite pertineant et competere debeant ecclesie perrochiali sancti Theodoli de | Grueria; et si contraveniens fuerit de communitate de Broch, quod pertineant et competere debeant ecclesie perrochiali de Broch; | et si contraveniens fuerit de communitate de Estavanens, quod pertineant ecclesie seu capelle beate Marie Magdalene de Estavanens; et si contraveniens sit [a]ut fuerit de communitate de Villard, quod pertineant atque pertinere debeant ecclesie perrochiali sancti | Jacobi de Villard; et si contraveniens sit vel fuerit de communitate de Lessot, quod pertineant et pertinere debeant ecclesie de Lessot; | et si contraueniens sit seu fuerit de communitate de Mom-

[1] *Sic, pour* denariatas. [2] *Sic, pour* denariata. [3] *Sic, pour* denariate.

bouom, quod pertineant et pertinere debeant capelle sancti Grati de Mombouon; | et si sit seu fuerit de communitate Nigre Aque seu de communitate de Villarsymont, vel de communitate de Heiz, quod pertineant et pertinere | debeant predicte ecclesie perrochiali sancti Theodoli de Grueria; et si contraveniens sit vel fuerit de villa Turris Treme, quod | pertineant et pertinere debeant ecclesie sancti Dionisii de Turri Trema. Et quod officiarius vnde ille con-|traueniens fuerit habere poterit et valebit juramentum ipsius vendentis de precio tali quali ipse contraveniens | vendiderit dictam derratam[1] seu mercantiam. Et quod ad predicta omnia et singula banna et excheta ac ad dictas offensas | petendum, exigendum, habendum et recuperandum erga contravenientes pariter et recolligendum ipsi contravenientes per officiarium loci | vnde contraveniens fuerit, vadiari seu pignorari poterunt et valebunt prout extitit consuetum in huiusmodi patria vadiare | pro censu domini. Nos vero prelibatus Johannes, comes et dominus Gruerie, scientes, prudentes, | gratis et spontanei, non cohactus, quynimo de nostris juribus in hac parte ad plenum informatus, premissa et | subscipta omnia et singula pro nobis et nostris successoribus quibuscunque, dictis decem annis durantibus, laudamus,| ratifficamus et per presentes approbamus, ipsaque omnia et singula confitemur de voluntate et consensu nostris fore facta. | Promictentes vlterius nos prelibatus Gruerie comes bona fide nostra data loco juramenti more principum, | atque ego Mammertus de Grueria, superius nominatus, juramento meo more sacerdotum, et nos omnes et singuli alii superius | nominati juramentis nostris ad sancta Dei euuangellia corporaliter prestitis premissa et subscripta omnia et singula rata, grata, firma | et vallida dictis decem annis durantibus habere, tenere ac inuiolabiliter et illese obseruare, et contra ea siue ex primissis| aliqua non facere, dicere nec venire, neque alicui consentire, volentes aliqualiter in futurum omnibus et singulis exceptionibus, | cauillationibus, oppositionibus, cautelis, allegationibus et deffensionibus vtriusque juris, facti, consuetudinis ac statuti patrie seu loci, | in contrarium premissorum facientibus aut facere possentibus scienter et expresse presentium serie renunciando. Nos vero | Mammertus de Grueria superius nominatus, atque nobiles Vuyllem de Aygremont et Johannes de Clerye ac ceteri burgenses | et probi homines superius nominati contrasigillum Gruerie comitatus rogamus apponi huic scripto,

---

[1] *Sic, pour* denariatam.

et nos vero | Johannes, comes et dominus Gruerie, ad preces et requisiciones omnium prenominatorum quorum interest contra-|sigillum nostrum predictum nostri comitatus Gruerie vna cum signeto manuali Johannis de Missiaco[1], de Grueria, nostri | fidelis jurati et notarii, hiis presentibus litteris duximus apponendum. Datum et actum in villa Gruerie, videlicet primo | quoad laudem prelibati domini comitis Gruerie et prefati domini Mammerti de Grueria ac omnium et singulorum nobilium et burgensium | ac proborum hominum superius nominatorum, dempnis et reseruatis illis de Turri Trema, qui sunt superius nominati, et p[re]cep-|tore[2] communitatis de Villarsymont, die dominica Bordarum anno Domini millesimo quingentesimo vigesimo secundo, et quoad laudem | prenominati Johannis Escoffey, preceptoris communitatis de Villarsymont, die mercuri[i] post dominicam Bordarum inmediate sequenti | anno Domini quo supra, et quoad laudem prenominatorum Johannis Syoberez, Claudii Perriard et Francisci Montet die dominica | post Pascha anno Domini millesimo quingentesimo vigesimo quarto, et quoad laudem prenominati Petri Pyllyvuiz, preceptoris | ville Turris Treme, die tercia mensis jullii anno Domini millesimo quingentesimo vigesimo quarto.

Leuata est presens littera ad opus et nomine dicte ville et communitatis Gruerie tantum.

Jo.$^{es}$ de Minissiaco n.

*Original:* parch. 49,5/72 cm.; Arch. de Gruyères n° 66.
*Sceau:* l'acte parait ne pas avoir été scellé.
*Impr.* partielle: MDR 1e série XXIII p. 229 n° 294.
*Regeste:* MDR 1e série XXIII p. 563 n° 804.

**50.** *Sébastien de Montfaucon, évêque de Lausanne, autorise Antoine Pavillard, du Conseil de Fribourg et châtelain de Bulle, à construire un moulin, un battoir, une scierie*[3] *et autres machines dans le pâturage et sur le cours de* laz Sionze, subtus loz mont dou Chaffaz, in territorio et dominio nostro Buli, et hoc sub censu annuo duarum cuparum frumenti ad mensuram Buli et quinque solidorum Lausannensium bonorum. — 1524 IX 25.

*Original:* Arch. d'Etat, Fribourg, grosse de Bulle n° 38 fol. xix$^{xx}$ij v°.
*Impr.:* ASHF III p. 173 n° XC.

---

[1] *Sic, pour* Minissiaco.
[2] *Le texte donne* pceptore: *erreur de scribe.*
[3] rassiam: *en patois* réche.

**51.** *Sebastien de Montfaucon, évêque de Lausanne, autorise Jaquet Coudurii à construire un battoir sur le cours de la Trême,* sub censa[1] octo solidorum Lauzannensium bonorum . . . ratione directi dominii . . . sub intragio vnius scuti auri cugni regis cum sole. — 1537 I 17. Alby.

*Original:* parch. 29/27 cm.; Arch. d'Etat, Fribourg, titre de Bulle n° 57.
*Sceau:* pendant, en papier, sur queue de parchemin; rond 45 mm.; armoiries de Sébastien de Montfaucon, légende illisible.
*Impr.* partielle: ASHF III p. 179 n° XCVI.

## 52. Confirmation par Fribourg des franchises de Bulle.
1537 I 25.

S'ensuivent les articles lesquieulx honnestes personnes Humbert Alex, banderet, et Aymé Favre, de Bulloz, debvront présenter de la part de la chastellanie de Bulloz par devant nous magnifficques et redoubtés seignieurs de la ville de Frybourg:

Et premièrement, tant que touche au sèrement debvoyr faire, que ainsi comme nous les soubjects sommes tenuz jurer et promectre estre féalz, bon et léal, procurer, etc., que les susdicts seignieurs semblablement sont tenus promectre de garder, protégir, etc. leurs soubjects.

Item, que les susdicts seignieurs seront tenus nous laisser en nous bonnes libertés, franchises et bonnes costumes tant escriptes que non escriptes, en nous bons usaiges, ainsi et par le mode que avons usé par en bonne sorte pour le passé, chascune comunité cellon ses usaiges, et lesdictes libertés, us et franchises tenir et protégir en leurs entyer.

Item, que se pour les temps advenir nostre révérend seignieur Sébastian de Montfalcon ouz ung aultre évesque rescovroit son éveschié de la diochèse de Lausanne ouz la plus part, par amittyé ouz aultrement, augmentant la saincte foy catholicque, que alhors lesdict seignieurs comment vray protecteurs de l'esglise nous debvront laisser parvenir et remectre audict seignieur évesque, vehuz que du passé avons tousjour estés ung membre dépendant de l'esglise.

Item, que en cas que nostre dict révérend seignieur feroit guerre ouz aultre pour luy, veulliant redressé et rescovrer son pays et son

[1] *Sic, forme féminine du mot, usitée dans la Suisse romande.*

esgliese, nousdicts seignieurs ne nous debvront compellir d'aller contre luy ny aultre restourateur de la saincte foy catholique.

Item, que combien par ycy devant fussions tant seulement bourgeoys et maintenant sommes soubjectz, que par vertu de ladicte soubjections ladicte bourgeoysie soit cassée et nullée, nous quittant de ladicte bourgeoysie.

Item, que touchant les appellations pour les passé tyrée à Lausanne, combien que ce feust de nostre bon us riens payer auz balliff de Lausanne, sinon troys gros à son scribe pour la lettre de l'appellation, nousdicts seignieurs nous debvront maintenir en ce mode et manière sans aultre chouse demander.

Item, ainsi que aulcungs ban de estatus à cause de tenir bon ordre et bonne comunité, comme ban de III gros, de V, de X, de vingt groz, que les governeurs de une chescune comunité de ladicte chastellanie en puisse user sans ce que ledict officier en preingnie riens, sinon donner des gaiges en luy payant raisonnablement sa poinne pour gaige VI denier bon.

S'ensuivent les humbles suplication debvoir faire audicts magniffficque et redoubtés seignieurs:

Et premièrement, que tous affaires tant particulier que général du temps passé jusques à présent entre nousdicts seignieurs et nous soyent pardonner sans réplicquer du contraire, ne desmander, ne aussi exigir quelque chose que soit du temps passé, quelque justice fassant du contraire.

Item, que à leurs magnifficques seignieuries plaise leur conférir une pièce des biens dudict mon révérend seigniour à nostre confrarie de Bulloz, coment est le diesme Champs Francey, Condemina ouz quelque pièce à leur vollenté.

Item, vous plaise les gratiffier en bonne sorte en leurs fassan quelque gratuité, coment pour leur affoyer de boys eys Joux des Pont et eys Joux noyres, comment le peuvent faire, veuz que à vous appartienent toutes les Joux du prince.

Item, aussi la comunaulté de Albeve supplye vostre magniffisances leurs laissé bas une vache, laquelle s'appelle vache de may, pour laquelle payent L gros tous les ans à cause du don, comme ilz afferment, et aussi ung muys de faves pour cause d'une montagnie, laquelle s'appelle montagnye de Ly.

*
* *

La responce de mes très redoubtés seigneurs, petit et grand conseil de la ville de Fribourg, faicte sus les articles de leurs très chiers et féaulx soubiectz de la chastellanie de Buloz.

Quant au premier article, mesdicts seigneurs entendent que ainsin que les dessusdictz leurs soubiectz firent le serment à Messeigneurs, que par les ambasadeurs leur fust aussi faict serment au nom de Messigneurs de les maintenir et les laiser en leurs bonnes libertés, franchises, bons us et bonnes coustumes, tant escriptes que non escriptes, et ycelles leur tenir et observer, jouxte cella il les laisent demeurer et estre.

Et quant à l'article contenant de les debvoir remectre à monseigneur de Lausanne, leur droicturier seigneur, quant il scaroyt restauré en son éveschié, disent Messeigneurs et respondent comment par avant qu'il leur depplaict de ce qu'il ont fallu y mectre la main, et vouldroyent bien que mondict seigneur de Lausanne fust en son entier, mais dempuis que les occurrans sont de la sorte, icelluy cas de restoration advenant, Messeigneurs appointeront de telle sorte avecque mondict seigneur de Lausanne sellon équité et raison, comment à eulx appartient.

Secondement, sur l'article devisant quant monseigneur de Lausanne feroyt guerre ou aultre pour luy pour restauration de son esglise, qu'ilz ne fussent compelly d'aller contre luy, etc., à quoy respondent Messeigneurs que de cella bonnement ne leur en scavent dire ne ouy ne non, mais veullent avoir leur main ouverte, nonobstant que bien ilz vouldroyent que chaschung fust en son premier estre.

Tiercement, quant à la révocation de la bougeoisie, etc., dient et respondent Messeigneurs par leur ordonnance que tandis qu'ilz seront supérieurs de la chastellanie de Buloz, que yceulx soyent quitte et debvront estre quitte du payement de la borgoisie, mais quant il ne seroyent plus suppérieurs, que alhors le borgoisie debhust recommencer comment par cy devant.

Quartement, quant aux appellations que lesdicts de Buloz n'ont par cy devant rien accoustumé de donner au ballifz de Lausanne, sinon au curial troys gros pour la lettre d'appellation, Messeigneurs accordent que durant qu'il seront suppérieurs, que il ne payent sinon ainsin qu'il ont accoustumé à Lausanne.

Quintement, touchant les bamps et estatus des communités, etc., mesdit seigneurs les leurs accordent, nomméement de troys gros, de cinq, de dix et jusques à vingt groz pour le régime et gouvernement d'une chescune communité. Toutesfoys les bamps et offences appartenantes à la suppériorité, Messeigneurs ne entendent nullement sceriont debvoir appartenir à eulx comment suppérieurs.

Sextement, quant à la supplication par lesdits de Buloz faicte de pardonner tant en général que en particulier mesdicts seigneurs entendent bien que les différences du passé soyent pardonnés et par cestuy contrat appointées et oubliées, mais tochant les retenues des censes et debtes mesdicts seigneurs entendent que sy n'en faict satisfacion à monseigneur de Lausanne, qu'ilz en doybvent rendre compte à l'officier de Messeigneurs.

Et finablement, touchant les aultres troys articles out il demandent quelque gratuyté, mesdicts seigneurs ont donné charge à leur officier de soy enquérir et en apprès avoir cella relaté à Messeigneurs, il luy auront advis et regard plus oultre.

*Original:* perdu.

*Copies:* double feuillet de papier, env. 22/32,5 cm.; Arch. d'Etat, Fribourg, titre de Bulle n° 105 (deux exemplaires des *Articles* et trois de la *Responce*).

*Impr.:* ASHF III p. 180 n° XCVII et p. 182 n° XCVIII; partielle, DELLION *Dictionnaire* II p. 242.

*Regeste:* Mémorial de Fribourg IV p. 17.

## 53. Vente de la mayorie de Bulle par les hoirs d'Antoine Pavillard à la ville de Fribourg.

1544 III 11.

Ich, Jörg Bachman, der armbroster, bürgerlicher inwoner der statt Fryburg, thun khundt unnd vergich offenlich hiedurch, das ich als | ein recht gesatzter vogt wylendt des strängen, edlen, vesten, frommen, fürnemmen, wysen herren Anthoni Pavilardts by sin leben des | ratts gemelter statt Fryburg seligen khinden und erben, wüssentlich unnd wolbedachtlich, ungezwungen unnd mit dheinerley wyss geverdenn | betrogen noch dargesatzt, sonders miner vogttkhinden nutz zu schaffen und wachsenden schaden zu abwenden, eines uffrechten, redlichen, yemerwärenden | verkouffs, verkoufft hab, gib ouch hin, in namen als obstatt, zu kouffen, für mich und obgemelt min vogtkhinden und ir erben, in aller gestallt und | mass dadurch solliches zum krefftigisten beschehen soll und mag, denn grossmechtigen, strängen, edlen, erenvesten, frommen, fürsichtigen, ersamen | und wysen herren schultheissen unnd rathe der statt Fryburg minen gnädigen herren unnd obern, die sollichen kouff von mir in namenn| als obstatt für sy, und all ir nachkommen bestanden haben, namlichen die herlichkeit und ampt der mayori von Boll, so gedachten khinden rechtlich | heimgedient unnd zugehört hatt, mit aller jurisdiction, gerechtigkeit, eigenschafft, rechtsame und zugehört, das sy in ampts satzungen, entsatzungen, | nutzungen, hüsern, schüren, ackern, matten oder in andern dingen, genempt und ungenempt in iren marchen, limiten und begriffungen, gehalten, | wie die herlichkeit in ir selbs geeigenschafftot, ye gebrucht, verwaltott und geregiert, ouch an gedachte mine vogtkhindt von einem bischoffenn | von Losanna zukommen, belechnet unnd worden ist, one usschliessung einiches dings darzu hörend, nach lütt der brieffen, erkantnussen und gewar-|samen, so gedachte khind darumb haben mögen, unnd ist der kouff zugangen und beschlossen alls umb zwey hundert pfundt pfenningen, Fryburger | werung, die ich in namen alls obstatt allso bar empfangen hab, desshalb als wolvergnügt, wie ich mich selbs erken, gedacht min gnädig herren ouch | ir nachkommen ledig gesprochen, sagen ouch in krafft diss brieffs durch wellichem ich mich in namen wie oblut gentzlich gemelter verkoufftenn | herlichkeit gantz begiben und entzüchen si und ir nachkommen und lipliche possess, setzende mit gebnen gwallt damit zu schallten, zu wallten und | zu thun, als mit irem eigen gutt, nach ihrem gnädigen gevallen von mengklichen ungeirt und unwiedersprochen, gelob ouch in namen miner vogtt-|khinden für sy und all ir erben innen, ouch irem ewigen nachkommen dis khouffs halb gutte, redliche und erbere werschafft zu leisten, vor allem | unnd jeden geistlichen und weltlichen gerichten und rechten, ortten und enden, do sy darumb ervordet und ermandt werden alles in miner | vorgenanten vogtkhinden und allen ihren erben kosten one ir oder irer erben engeltnuss und wöllichen kosten, so sy einicherley wegs dises kouffs | halb gelitten hetten, iren schlechten erbern wortten ane ander bewysung zeglouben sin soll darzu disen brieff mit allem sinem inhalt, war vest | und stätt zuhallten und darwider nit zuthun noch gestatten in dhein weg darwider gantz gethan werden, dan gedacht mine vogttkhindt noch ir | erben hierwider gantz unnd gar nutzit beschiremen soll, damit diser brieff gantz oder zum theyll möchte geschwecht werden, dan ich mich | des in namen alls obstatt, des alles, als ob es hierin gemeldott were, gentzlich entzigen und begeben hab und sonderlich des rechtens so gemei-|ner vorzuchung widerspricht one der sonderbaren vorgang, alle geverdt vermitten. In krafft diss brieffs, der uff min des vorgemelten | verkouffers begeren durch den edlen, vesten, furnemmen, wysen Pettermann von Clery, stattschribernn bemelter statt | Fryburg, an den erwüdigenn herrenn decano des endes gelangott mitt der decany insigel besiglett worden unnd geben | ist, in bysin der frommen, fürsichtigen, wysenn herren Hansen Lanthers, Petter Thossis, Hansen Studers unnd Claudo vonn Montennachens, der rätten, unnd Claudo Kannengiessers, venners in der Nüwenstatt, uff zinstags den einlifften tag mertzenns | als man von der mönschwerdung Cristi unsers erlösers zallt fünffzechen hundert vier und viertzig Jar. P. v. Clery.

*Original:* parch. 45,5/31 cm.; Arch. d'Etat, Fribourg, titre de Bulle nº 48.
*Sceau:* détruit.
*Transcription:* Arch. d'Etat, Fribourg, reg. not. nº 163, fol. 83 vº.
*Impr.:* ASHF III p. 184 nº XCIX.

## 54. Nomination du curé de Bulle.

1544 X 5. Bulle.

A tous ceulx qui ses presentes lectres verrons, lirons | et orrons soit notoire et evidemment aparoisse comment ainsi soit que venerable home messire | Guilliaume Ballaison, curé de Buloz en son vivant, de bon vouloir esmeuz enuers la venerable clergie de Bulo, bourgeoys et habitans | dans ladicte ville de Bulo, après plusieurs services, curialités et obsequyés tant par les venerables seigneurs de la clergie que les | honnorables bourgeoys et habitans de ladicte ville de Bulo audict seigneur curé faictes et d'icelles non voullans estre repris du vice d'|ingratitude, mais plus tous icelles obsequiés et bonuolences indulgie enuers ceulx jouxte ce que vraye equité et raison le porte, aye ledict |[1] seigneur curé eslargis, donné et conferé ausdicts bourgeoys et habitans dudict Bulo d'auoir faculté et pouoir de eslire de leur part après | l'obit et trespas dudit curé vng aultre curé dudit lieu estant du nombre de ladicte clergie de Bulo, celluy d'iceulx qui serat esleuz tant par | ladicte venerable clergie que par le plus desdicts bourgeoys et habitans dudit lieu le plus commode hayant plus de voys jouxte l'ordonnance | de nous magnifficques, très redoubtés et souerains seigneurs Messieurs de la ville de Fri-

[1] *En marge, une main indicatrice gauche.*

bourg, et celon la coustume du pays en tel cas et d'aultres | obseruée presentement, comment des chouses predictes en a esté pluseurs matières discutées entre lesdictz de la clergie et bourgeoys sont esté | narrées et dictes, que a cause de briefueté sont estées obmises et dellaissées. Or, est ainsi que l'an et jour que dessoubz, après | l'obit et trespas dudit veuerable messire Guilliaume Ballaison, curé dudict Bulo, iceulx dicts bourgeoys et habitans dudict Bulo voullans la | preeminence et largition par ledict feu seigneur[1] a eulx donnée deheuement obseruée et tenir, non pas la mesprisé, du consentement | et vouloir de nousdicts superieurs seigneurs et princes, sont estés congregés lesdicts seigneurs de la clergie, a scauoir venerables | personnes messire Glaude Genilliod, vice doyen, domp Pierre Demurit, domp Jehan Pidoux, domp Glaude Jaques, hospitallier, | et domp Henry Amelly, de leur part honnorables personnes Yacob Bolossat, chastellain, Pierre dou Rippo, lieutenant, | Anthoine Marsens, banderet dudit Bulo, Guilllaume Allex, gouuerneur pour Jehan Glasson, Pierre Garin, Francoys Barbey, Anthoine Ginilliod, Jehan Magnyn et pluseurs aultres bourgeoys dudict Bulo, Anthoine Thomet, Francoys Bosson, Nicod Delley syn[2] et | Pierre Sieboz et pluseurs aultres de Mollon, Nicod Magnin, Nicod Chablex, Guilliaume Dey et d'aultres de Marsens, Jenes Moret, | Jehan et Perret Bergier, Loys Moret, Anthoine Goudron, Jehan Genoz et d'aultres de Vuaddens, Jehan Tissot, Pierre Tissot et d'aultres de | Mollettes, agissans aux noms desdictes communaultés, parrochiens dudit Bulo, ensemble congregés pour les chouses | soubzscriptes, partant ès quieulx bourgeoys et parrochiens deputés fut par nousdicts illustres seigneurs donnée auctorité et | licence de pouoir et debuoir eslire vng home du nombre de ladicte clergie, ydoine personaige pour debuoir regir et gouerner | ladicte cure et d'estre curé d'icelle et aussi de deseruir par luy oux par son vicaire jouxte ce que vng bon pasteur doit administré a ses brebys, et que icelluy dit personnaige esleuz soye presenté par deuant l'excellence de nousdicts illustres seigneurs | pour le recepuoir et qui après icelle presentation faicte que icelluy dit curé et son adherent pour luy ou pour ses | successeurs curés soye et doibje estre entenuz tenir, obseruer et garder sans aulcunes contraditions tous les articles si dessoubz escriptz | par lesdicts bourgeoys et parrochiens a eulx reserués et proposés, pardonant lesdicts seigneurs de ladicte

[1] *Dans le texte* seigneureur. [2] *Sic, pour* syndic?

clergie les quieulx seigneurs | ecclesiastiques ont promys pour eulx et pour leurs successeurs par leur bonne foys en la main dudit monseigneur le chastellain, | lesdicts articles tenir, obseruer et garder celluy d'iceulx qui cerat esleuz curé auquel la pluspart des voix cerat donnée, | sans nulz agait, lesquieulx articles sont telz. Premierement, que celluy desdicts seigneurs de la | clergie acepté curé dudit Bulo doibie faire le seruice et chanté la messe au grand aultel de ladicte parrochiale esglise de Bulo | de la feriale sans fallyz tous les jours, reserves qui l'aye aulcuns chante enterrement de corps ou anniuersaires et icelle | messe se doibie respondre par les seigneurs de la clergie du dit Bulo. Item, que ledit curé acepté soye entenuz et doibie tenir |[1] la lampe deuant le grand aulte[l] allumée nuyt et jour, et de faire et tenir tous aultres luminaires acoustumés par les precedens | recteurs curés ont faict tant au grand aultel que es aultres chapelles de la dicte esglise comment appartient. Item, que icelluy | curé acepté soye entenuz et doibie pourté toutes charges et frais deheuz a ladicte clergie sans nulz agait et sans contredit. Item, | que ledit curé et lesdictz seigneurs de la clergie seront tenuz de faire deux anniversaires tous les ans, troys ans durant | tant seullement, pour l'ame dudit venerable messire Guilliaume Balleison, dernier curé dudit Bulo. Item, | que ledit curé acepté doibie parceuoir du bien de ladicte clergie pas sinon pour vng et de faire le seruice comment vng | nonobstant qui aye aulcune chapelle en ladicte esglise. Item, que ledict curé admys serat entenuz et doibie presché l'evangille | de Dieu ou faire a presché a vng aultre personne ydoine la dimenche et les aultres festes sollempnelles dorenaduant a ses | propres coustes et missions, et aussi qui soye entenuz de nurry celluy qui prescherat la caresme deuant[2] ladicte caresme, | et les bourgeoys et parrochiens seront tenuz de payé et sactisfaire le sallaire du prescheur sans contradition quelzconque. Item, |[1] touchant des nancest que ledict curé se puisse et doilie soy faire a payé a ses dicts parrochiens lesdicts nances comment l'on a | acoustumé de payé tant seullement a scauoir pour vng chescun veau vng donyer, le cheury vne maille, l'agnye qualte | denyers, et pour vng pollyn quatres denyers, et d'ung genisse[?] rien, nonobstans aulcunes lettres qui peult hauoir de cela. | Item, que ledit curé soye entenuz de sonner

[1] *En marge, une main indicatrice gauche.*

[2] *Sic, pour* durant.

ou de faire a sonner la cloche acoustumée a l'heure de mydy a ses coustes | et missions sans contredit. Item, que ledit curé ne doibie contesté plàit autre aulcune personne a cause des biens | de ladicte cure qui ne soit du vouloir du chastellain de Bulo, qui pour lors serat, du gouuerneur de Bulo et des | gouuerneurs de ladicte esglise. Item, | que ledit curé serat tenuz de faire les respas deheuz a ladicte clergie annuellement. | Item, quant ilz aurat quelque corps deffuncts que icelluydit curé ensemble ladicte clergie soient entenuz d'aller | rencontré[1] lesdicts corps deffunct comment apartient. Item, a esté faict que cas aduenant que ledit curé | admys et acepté auroit aulcune question et noyse auecq les seigneurs de la clergie que icelle question soye | vehue pacifficquement par ledit seigneur chastellain que pour lors serat, bourgeoys et gouuerneur de l'esglise, et | icelle question doibie par eulx ceder et paciffier sans aulcune molestation de plait. Item, que ledit | seigneur curé et ses successeurs seront entenuz de maintenir tous les maisonnemens de ladicte cure et la grange | d'icelle a leurs missions. Lesquieulx articles escris par deuant l'assistance desdicts seigneurs ecclesiastiques, | bourgeoys et parrochiens de ladicte parroiche de Buloz, estre lis, en a esté demandé par lesdicts chastellain, bourgeoys et | parrochiens dudit Bulo ausdictz de la clergie de debuoir eslire vng de leur frère, celluy qui bon leur semblerat pour | deseruir a ladicte cure, lesquieulx a esté esleuz de leur part venerable home domp Pierre Demurit, du nombre de ladicte | clergie pour deseruir audict benefice, et icelluy ont presenté ausdicts monseigneur le chastellain, bourgeoys et parrochiens | dudit Bulo, laquelle presentation et election estre faicte, a esté demandée l'oppinion a vng chescun desdicts bourgeoys | et parrochiens dudit lieu de faire aussi election dudit curé lesquieulx bourgeoys et parrochiens ou la plus part | ont esté de l'opinion que ledict domp Pierre Demurit estoit ydoine et scauant pour hauoir ledit beneffice veheuz que | lesdicts seigneurs de ladicte clergie l'auoyent presenté et esleuz entre eulx premierement et que iceulx dicts articles au | mode comment dessus sont escriptz, lesdicts venerables seigneurs de ladicte clergie les ont acceptés estre raisonnables. Promectans en après lesdicts seigneurs ecclesiastiques pour eulx et leurs successeurs susdicts | pour leur bonne foy et soubz l'expresse obligation de tous les biens de ladicte cure iceulx dicts articles comment | dessus sont estés es-

[1] *Dans le texte* renconcontré.

criptz, hauvoir agreables, fermes, aceptables et inuiolablement obserués, et contre iceulx dicts | non faire, dire, aller ne venir, et si aulcons ilz voullans venir nullement ylz consentir en quelque manière | que se soit au temps aduenir avecq toutes coustes, missions, dommaiges et despens, lesquieulx ou lesques porroient | estre mys, mises et soubstenues a l'occasion des chouses premisses comment dessus sont estre promesses | non estre tenues et obseruées plenière et entière restitution. A toutes exceptions, allegations, deffensions et cauthelles | de droys, loix et statuz du pays et du lieu, par lesquieulx ses pesentes porroient estre cassées, rompues et | adnichilées en tout ou en partie, totallement renunczant et mesmement au droit, disant la generale renuntiation | estre de nulle valleur si les specials ne precède. Donné sous le scel de la chastelanie de Bulo auecq les signectz | manuelz de discretes personnes Pierre dou Rippo, lieutenant dudit Bulo, et de Glaude Ansermet, commissaire de Vaulruz, en force et vigneur de ses presentes, et faict deuant la ville de Bulo en la vy de la Tresmaz | a cause du dangereux mal de l'impedimie estant dans la ville de Bulo, la dimenche après la feste sainct Francoys | l'an quinze cens quarante quatre, en la presence des dicts parrochiens, etc.

Levé est cestuy present instrument | a la faueur et ayde desdicts seigneur bourgeoys | et parrochiens dudict Bulo et des leurs | successeurs tant seullement.

Par vigneur de generale | commission est signé:
Pierre du Rippoz. Ansermet.

*Original:* parch. 29/68 cm.; Arch. de Bulle B n° 3.
*Sceau:* détruit.
*Copie:* du XVIII^e siècle, papier, 4 feuillets 17/21 cm.; Arch. de Bulle, même cote (annexée à l'original).

## 55. Cession de la cure de Bulle au Clergé.

1544 XI 13.

Au nom de la saincte et individue Trinité, Père, Fils et sainct | Esperitz. Ainsin soit-il. Az tous et ung chescun que la teneur des presentes lettres verront, liront ou ouiront, je Yacob | Bolossat, moderne chastellain de Buloz, au nom et pour la part de mes magnifficques, puissans et très redoubtés seigneurs | messeigneurs de la ville de Frybourg, seigneurs et princes dudict Buloz, et az icelluy nom, certiffie a tous per ses presentes | comment après le décès et trespas de feu venerable homme monseigneur domp Guilliaume Baleson aultresfois curé dudictz | Buloz: or, est que a l'humble supplication et requeste des vénérables seigneurs de la vénérable clergie dudictz Buloz, az nousdictz | magnifficques seigneurs faicte, estant la cure dudictz Buloz vaccante ont supplié leurs dictes excellences leurs voulloir | concéder et perpetuellement remectre ladicte cure dudictz Buloz avecq toutes ses deppendences et preminences, sur quoy | nousdictz seigneurs ont voullunitairement largir, acquiescyr et oultroyé, vheant leurs dicte desmande estre consonante az raison, en | vigueur de laquelle remissure et largition per nousdictz seigneurs az eulx faicte, lesdictz seigneurs de ladicte venerable clergie | m'ont pour les voulloir mectre en vraye, actuelle et corporelle possession de la predicte cure, vheant ladicte largition per | nousdictz seigneurs az eulx faicte, et ont presenté venerable messyre domp Pierre Demouryt comme procureur de ladicte venerable | clergie. Pourquoy je le sus nommé chastellain, veuillant obéyr ès commandemens de mesdictz seigneurs et princes, et en rendant | debvoir de mon office concernant ladicte presentation az moy faicte le prenommé domp Pierre Demouryt, procureur de la predicte | venerable clergie, et az icelluy nom, ay mis et mecte en vraye, actuelle, pacifficque et perpetuelle possession, pour luy et ses | successeurs en ladicte clergie quelz qu'il soyent. Et c'est per la tradiction et amplectement du grand aultel de ladicte esglise perrochiale | dudictz Buloz et per l'atouchement des chassubles, accoustremens, calices, chanettes et livres appertenant az ladicte esglise et cure | avecq les clefz de ladicte esglise et cure, soubz touteffois les conditions, reserves et articles icy après escriptes. Et premierement | que lesdictz venerables seigneurs curés de ladicte venerable clergie et leurs successeurs doibgent et soyent tenus perpetuellement desservir | et faire le devin office en ladicte esglise perrochiale et per toute la perrouche decentement debhuz et comment l'on az accoustumé | faire et procurer, et garder tous les biens, droys, preminences et tiltres de ladicte esglise et cure, en reconfirmant tous les |[1] articles, poinctz et reserves, recephues et signées per egrège Claude Ansermet, notaire d'Estavayé-le-lac. Item en après | que ledictz venerable domp Pierre Demouryt, procureur susdictz, doibge donné et faire souffisant inventaire aux nobles et | bourgeoys dudict Buloz et aux perrochiens de ladicte cure et esglise de tous les biens

[1] *En marge* N B.

de ladicte cure et esglise. Et ont | juré ledictz venerable domp Pierre Demouryt, procureur, estant avecq luy venerables seigneurs domp Claude Genilliod, domp Jehan | Pidoux et Domp Claude Jacques, tous de ladicte venerable clergie, assisté au mode sacerdotal mectant la main en la poictrine | comment en tel cas est recquis, d'actenir, accomplir et observer toutes les chouses dessus escriptes, jouxte leurs pouvoir; et | aussy ont promis de tenir en ladicte cure bon et honneste train et estat, et aussy de faire tout cez que bon pasteur et | curé sont tenus faire envers nousdictz seigneurs et princes, que aussy envers les nobles et bourgeoys dudict Buloz, que ès | perrochiens d'icelle, sans aulcune contradiction quelzconcques. Promettant ledictz venerable domp Pierre Demouryt, | procureur susdictz et au nom de ladicte venerable clergie per son serment dessus faictz et soubz l'expresse et ypothècque | obligation des biens de ladicte cure et clergie quelqu'il soyent toutes les chouses premisses . . . .[1] | garder, accomplir perpetuellement et inviolablement observer, et contre icelle non faire, dire, aller ne venir au contraire | en manière que cez soit à l'advenir. De laquelle susdicte mise en possession, ledictz venerable procureur souvant nommé, au | nom que dessus, az moy dit chastellain m'a prier lui en concedé lectre affin que au temps advenir en soit memoire. Et | pareillement, lesdictz nobles bourgeoys dudictz Buloz et perrochiens de ladicte esglise m'ont aussy prier et desmander | ung double de la predicte mise en possession pour la conservation future de ladicte esglise et cure. Sur quoy, je ledictz | chastellain sus nommé, de mont incombant office et per le commandement de mesdictz seigneurs et princes, leurs ay oultroyé | et commandé faire per la main du notaire et juré soubsigné, tant az leurs noms que de tous ceulx à quilz appartient | et pourrat appartenir, sans touteffoys aulcun prejudice. Presens ès chouses premisses honnestes et discrettes personnes Anthoine | Marsens, banderet dudictz Buloz, Guillième Alex, Jehan Glasson, gouverneur, Francoys Barbey, Claude Paschod, Amin Brassey, Guillième Ardieux | et Glaude de Petenye, soultyé, tous jurés et bourgeoys dudictz Buloz, tesmoings à ce recquis et specialement desmandés. En tesmoings | de verité, nous l'advoyer et conseilz de la ville de Frybourg, aux prières des susnommés tesmoings, recephue per feuz egrège | et discretz homme Pierre douz Rippoz, notaire et bourgeoys dudictz Buloz, et pour ce

[1] *Les quatre ou cinq mots de la fin de la ligne sont effacés et illisibles.*

que la presente lettre n'a pas estée per ledictz feuz | Pierre douz Rippoz levée, touteffoys après son trespas et obist, ses registres et prothocolles sont estés remis et commis per nousdictz | magnifficques, puissans et très redoubtés seigneurs, az Claudy douz Rippoz, filz dudictz feuz Pierre douz Rippoz, notaire et bourgeoys dudict | Buloz, lequel nous az rappourter les chouses premisses, ausdictz registres et prothocolles, ainsin estre minutées et registrées, | la substance d'icelle nullement estre mutées ny changées, esquieulx noz voix sont estées commises et adjouxtées foy plainnière, le seel de nostre dicte chastellanie dudict Buloz à ses presentes advons commandé appendre, le vendredy après feste sainctz Martin en | yvers, treze jour du moys de novembre, l'an de grace nostre Saulveur Jhesus Crist courant mil cincq cens et quarante quattres.

Double de mise en possession de la cure | de Buloz faisant à la faveur des nobles | et bourgeoys de Buloz et des perrochiens | de ladicte esglise.

Idem commissarius $\mathrm{C^{us}}$ Rippoz, $\mathrm{n^{us}}$.

*Original:* parch. 28,5/33 cm.; Arch. de Bulle n° 72.
*Sceau:* détruit.

## 56. Administration de l'hôpital.

1550 III 4.

Nous l'aduoyer et conseil de la ville de Frybourg a tous les presenz et futurs voullons estre chose manifeste que ce jourd'huy par deuant nous soyent comparus | les deputés de noz chers et feaulx les nobles et bourgeois de nostre ville de Buloz et nous ayant en presence de nostre amé bourgeoys Wilhellm Würst, cha-|stellain, et venerable domp Gerard Dodin, curé de Sales, de present altarien de l'hospital de nostre dicte ville de Bule, faict humble requeste et prière | qu'il nous pleust de grace specialle leur faire remise et cession de la maistrisse, gouuernation et regime dudict hospital, lesquels par cy de-|uant leur auions detiré et donné en charge audict venerable domp Dodin et ce en contemplacion que aultres villes sont participantes de telle | liberté et qu'il sont touchant ycelluy convenus et accordé, saulf nostre bon plaisir, auecque ledict seigneur curé, lequel de son bon gré (s'il nous | plaisoit) leur auoit remis sa charge; sur quoy considerant leur requeste estre raisonable mesmement pour l'inclination que pourtons | a leur aduancement et comodité, les conuentions susdictes nous premierement estre declarées, auous ordonné et ordonnons par la presente que les | nobles et bourgeoys de nostre dicte ville de Bule desormais perpetrallement doibjent auoir la donacion et tenir le regime et gouuernement dudict | hospital de Bule comme eulx et ledict curé l'ont par cy deuant heuz, toutesfoys par telle reserue et adjunction que ledict curé y puisse | sa vie durant avoir la dedans son demouraige et habitation, comme vng altarien, pourveu qu'il face le deseruice de la fondation accoustumé. | Et auant toutes choses, les gouuerneurs d'icelluy commis d'appart la ville annuellement en la presence de nostre chastellain qui pour lhors soyent entenus rendre et | donner bon compte de toutes les receues et liburées qu'il auront faict pour ledict hospital sans refus quelconque. Secondement que lesdicts nobles et | bourgeoys doibjent fournir ledict hospital de tout qu'il sera necessité tant pour la sustentation des paouures, maintenance de la maison et grange, que pour | la reparation de la chapelle d'icelluy et aultres ses appertenances ainsi qui sera decent, requis et convenable au regard toutjour et aduis dudict nostre chas-|telain auquel donnons et remettons la puissance et discretion et ce a leurs propres coustes et missions sans que ledict curé en aye a souffrir ni | suppourter aulcune facherie ny charge, car tant d'icelle que de touttes souffertes dudict hospital le disons et voullons estre quitte et exempt. Tiercement, ne voullons aussi permettre pour euiter le domaige dudict hospital que lesdictz nobles et bourgeoys de Bule ou quilconque sera gouuerneur ayent | la puissance de l'admodier ou preter l'un a l'aultre aulcun bien dudict hospital soit meuble ou non, sinon par le sceu de nostre dict chastellain | lequel en doibt auoir l'ordonnance. Quintement[1] tant qu'il concerne les articles convenus avecque ledict curé, voullons bien permectre | qu'il ayent lieu et leur effect en tout leur contenu ainsi toutefois que pour le temps advenir estant les conuenances entre les nobles et bour-|geoys dudict Buloz et le prenommé domp Dodin faictes, expirées et definies, yceulx de Buloz pourront tantes et qua[n]tesfoys que l'aultre dudict hospital vien-|dra a vacquer d'ung administrateur et altarien porveoir et ordonner vng aultre a ce ydonée et souffisant pour vng pris conuenable tel que entre eulx sera | accordé et convenus, et ne voullons souffrir que ledict curé aye puissance de constituir vng aultre altarien a son lieu si d'auanture il ne voulsit

[1] *Il n'y a pas de* quartement.

demourer | dedans ledict hospital et faire le deseruice ains que cela soit a nostre et la discretion de nostredict chastellain, le tout en bonne foy par ycestes auxquelles en | verification du premis auons faict pendre le seau secret de nostre ville, sans toutesfoys le prejudice de nous et d'icelle en aultre moyen. Donné le mardi | quatriesme de mars l'an mil cincq cent et cincquante.

F. Gurnel.

*Original:* parch. 43,5/28 cm.; Arch. de Bulle C n⁰ 1.
*Sceau:* de Fribourg, rond 43 mm., sur queue de parchemin, cire verte; légende: + SIGNV : COMV . . IS : FRIBVRGI.
*Transcription:* Arch. d'Etat, Fribourg R. E. vol. 7 fol. 39.
*Impr.* partielle: DELLION *Dictionnaire* II p. 281.

**57.** *Jost Fritag, conseiller de Fribourg, seigneur de Mézières, est reçu bourgeois de Bulle le 6 août 1551. Le 11 août suivant, l'avoyer et Conseil de Fribourg délivrent à la ville de Bulle une lettre reversale, cette réception bourgeoisiale ne devant déroger en rien aux franchises et libertés de Bulle.* — 1551 VIII 6, 11.

*Original:* de la lettre de réception, parch. 60/26,5 cm.; Arch. de Bulle A n⁰ 45, tiroir C n⁰ 26; sceau détruit.
— de la lettre reversale: perdu.
*Copies* de la lettre reversale, du XVIIIe siècle: 1⁰ papier, double feuillet 17,5/21 cm.; Arch. de Bulle, sans cote. 2⁰ papier 17,5/21 cm.; Arch. de Bulle A n⁰ 46.

## 58. Fravail.

1556 V 13.

Bůssenn in der statt Boll begangen in F. G. D. 55.

Vff[1] mitwuchenn den 13 mai 1556. Wie die von Boll vermeint, das [man] den heimschen, die einandern schlugen innenthalb der statt, nit meer dan dry gross ze buss lutt iren alten gewonheit abnemmen sollt, unnd den frembdten funff pfund, hatt man inen solliche vermeinte fryheit benommen unnd geordnet, das si buss unnd fravel haben wie ander lutt, namlich funff florin, syend heimsche oder frembdt.

Arch. d'Etat, Fribourg, Législation et variétés vol. 13, fol. 587. Voir également, aux mêmes Arch., Manual, séance du 13 mai 1556, vol. 73; DAGUET *Extraits historiques* vol. 18, fol. 313.

---

1 *En marge* Usszug der busse fol. 3.

**59.** *Jacques, fils de feu Claude Catellan, l'aîné, prêtre d'Estavayer, Niclaus Catellan, son frère, et Loys, fils de Cristoffle de Pontherouse, donzel d'Estavayer, en sa qualité d'époux d'Anne, fille de feu Glaude Catellan, le jeune, bourgeois d'Estavayer, cèdent à la bourgeoisie de Bulle le droit de patronat sur la chapelle de la Vierge Marie, fondée en l'église de Bulle.* — 1558 VI 1. Estavayer.

*Original:* parch. 44/63 cm.; Arch. de Bulle B n° 1, tiroir C n° 30.
*Sceau:* détruit.
*Annexe:* à l'acte est annexée, par le sceau de Fribourg, l'approbation du Conseil de Fribourg, du 4 avril 1559, parch. 46/18,5 cm.

**60.** *Jean Allaz, chapelain de la chapelle de la Vierge Marie, en l'église de Bulle, cède à la bourgeoisie de cette ville tous droits de collation de dite chapelle pour le prix de 30 florins pp. et* deux bons vacherins, chacun de la valleur d'ung florin dicte monnoye, de pension annuelle. — 1559 XII 29.

*Original:* parch. 33,5/29 cm.; Arch. de Bulle, tiroir C n° 31.
*Sceau:* de Benoît de Praroman, bailli de Bulle, rond 33 mm., en papier, pendant sur double queue de parch. Légende: S. BENED... V. PERROMAN.

**61.** *La ville de Fribourg confirme aux bourgeois de Bulle le droit qu'ils ont de tenir un marché hebdomadaire chaque lundi et* des foires sur les jours accoutumés d'ancieneté. *Ces marchés et foires étaient alors* tombés en vacation[1]. — 1577 VIII 29.

*Original:* parch. 36,5/26 cm.; Arch. de Bulle D n° 5, tiroir C n° 38.
*Sceau:* détruit.

**62.** *Le village des Ponts est détaché de la paroisse de Bulle et réuni à celle de Vaulruz.* — 1580 II 8.

*Original:* perdu.
*Vidimus:* du 6 novembre 1657, parch. 27,5/23 cm.; Arch. de Bulle, sans cote.
*Sceau* du vidimus: de Fribourg, rond 45 mm.
*Impr.:* ASHF III p. 188 n° CII.

**63.** *Le Conseil de Fribourg tranche une difficulté pendante entre Bulle et Riaz au sujet des droits de pâturage de Bulle sur le Praz Villaran, au Mont de Riaz: Bulle exercera ses droits conjointement avec Riaz, mais les bourgeois de Bulle ne pourront faire pâturer plus de bétail que les gens du Mont de Riaz et du village de Riaz ensemble.* — 1583 X 9.

[1] *Voir ci-dessous n° 76.*

*Original:* parch. 55,5/34,5 cm.; Arch. de Bulle I n° 6, tiroir C n° 41.
*Sceau:* de Fribourg, rond 45 mm., cire verte, sur double queue de parch. Légende: + SIGNV: COMVNITATIS : FRIBVRGI.

**64.** *Une difficulté étant survenue entre le Clergé, la bourgeoisie et le curé de Bulle, Peter Schnewli, vicaire général, déclare que la cure est incorporée au Clergé, que le curé élu doit être présenté à l'évêque pour institution, que cette nomination ne peut être faite pour une durée déterminée, et que les bourgeois ont le droit de contrôler la conduite du curé et d'en faire rapport à l'évêque.* — 1585 XII 10.

*Le Conseil de Fribourg confirme cette déclaration.* — 1585 XII 11.

*Original:* cahier de papier, 6 feuillets, 21/31,5 cm.; Arch. de Bulle B n° 4.
*Sceau:* de Pierre Schnewli, plaqué en papier, ovale env. 34/44 mm. Légende: S. PE. SCHNEVLIN . . . IBVRGENSIS.
*Impr.:* DELLION *Dictionnaire* II p. 281.

## 65. Réception d'habitant.

1589 V 15.

Le quinzième jour du mois de may l'an 1589, en presence de tous les deuantz nommés, nobles, bourgeois et jurés en conseil mesmement par le voulloir cy deuant passéz et toute la comunaulté dudit Bulloz, Michiel Guelliard et Aymaz saz femme, de Passyéz, ont aité recephuz pour comunyer et habitant en la comunaulté dudit Bulloz leur vie durant ceullement et non plus, sans cez que leurs enffans ny aultres herityers puissent après leur decès fayre aulconne residence audit Bulloz, ny hauoir aulcung droictz de comunaulté, car cellaz n'a esté oultroyéz sinon ausdits conjoingts seullement leur vie durant, et non plus, comme dit est. Et est faicte la presente largition et oultroy moyennant la somme de centz florins, la moityé par iceux deliurée et donnée au charitable hospital dudit Bulloz, et l'aultre moityé a la deuoste confrarie du St Esprit dudit lieu, avec une cusche refaicte donée audit hospital. Dont en vertu desdites donnations, lesdits conjoingts pourront habiter et comuner audit Bulloz sans donner nul ny aulcung sallayre a ladite ville. Passéz en Conseil en presence, le jour et an que dessus.

Rippoz n.

Arch. de Bulle, Livre de la ville p. 3.

## 66. Droit de retrait des bourgeois.

1589 XII 10.

Le 10e jour du mois de décembre l'an que dessus, estant en conseil par les nobles, bourgeois et communaulté dudit Bulloz a estéz statuy et ordonnéz que d'ores en auant s'il y az personne, de quelle qualité que cez soit, tant de la ville que de toute ladite communaultéz qui haye a vendre foin ou pastures, s'il la vende[1] a esté faicte a vng personnaige estranger et qu'il ne soit de la ville ou de ladite comunaultéz, le vendeur serat tenus d'aller notiffier au gouuerneur de la dite ville tel marchéz qu'il serat estéz faictz, et estant aduerty de tel marchéz, ledit gouuerneur serat tenus le faire publier publicquement aux fins que s'il y az quelcung de la ville qu'il pretende la lente[2] et proximité dudit marchéz, le puisse et pourrat hauoir deuant l'estrangier pour tel pris qu'il serat estéz faictz. Et pour declaration de telles pasches et marchéz, le vendeur serat tenuz reveller par serment audit gouuerneur, ou ens mains d'ung officier, telles pasches comme elles seront estées faictes; et telz deffaillantz quy se trouueront n'auoir reveller telles pasches audit gouuerneur seront chastiéz pour dix libures bonnes sans mercy. Passéz le jour et an que dessus en Conseil.

Rippoz n.

Arch. de Bulle, Livre de la ville p. 6.

## 67. Foires et marchés.

1590 II 22.

Le 22e jour du moys de feburier, l'an devant escriptz, a esté statuy et ordonné par les nobles, bourgeois et de toutte la communaulté que toutes personnes dedicte communaulté qu'aura a vendre denrées que ce soit, iceulx soyent tenus hauant que la mener a Gruyère ou a Romont venir et appourter au marché du lieu le lundy comme est de coustume, et ceux qui seront deffaillantz et qu'il la meneront[3] aultre part hauant que la presenté au lieu, iceux seront[3] gaiger pour le bamps de dix gros sans mercy et aussy de mesme le maistre ou maistresse d'une chacune maison l'ung ou l'aultre que se trouueront deffaillant venir au marché le lundy, item se deburont gaiger pour le bamps de six gros sans mercy, et ceux qu'il en ont

[1] *Sic, pour* si la vende. [2] *Lecture incertaine.*
[3] *Ce mot est répété par erreur.*

la charge[1] seront tenus les gaiger par serment. Passéz en presence de tous les n., b. et gouuerneur, audit lieu que dessus.

D. de St Bernard.

Arch. de Bulle, Livre de la ville p. 11.

## 68. Fravail.

1590 VI 15.

Par les nobles bourgeois de la ville et communaulté de Bulloz en Conseil, a esté statuy et ordonné que touttes personnes, de quelle quallité que ce soit, qu'ilz couppera ou taillieraz aulcungs bois ès ages la veillie de la feste Dieu, hormis le seignieur curé du lieu, serat escheust pour le bamps de vingts gros de Sauoye, sans nulle mercy. Le tout de dicte ouffence deburat parvenir a ladicte ville et communaulté dudit lieu sans aulcune contradition. Faict et passé en Conseilz, en presence desdicts nobles bourgeois, ce quinziesme du moys de juing, l'an courant mil cincq centz nonante.

D. de St Bernard.

Arch. de Bulle, Livre de la ville p. 17.

## 69. Conditions du masel.

1592 II 16.

Le leudy 16e jour[2] du moys de feburier 1592, present honnorable et prudent seigneur Hanns Heymoz, ballif de Bulloz, les nobles, bourgeois et comunaulté dudit Bulloz, le masel de la ville a esté deliuré az honorable Claude Gillier, bourgeois dudit Bulloz, assauoir la liure du mouton pour le pris de septz cart, la libure de la bouyne pour le pris de six cart, la libure du veau pour le pris d'ung gros; et c'est tout le temps de tout trois par les conditions suyvantes, assauoir comme ledit bouschier soit tenus peser et fayre bon poid, ne mener vendre ailleurs les bestes grasses acheptées pour ledit masel, ne vendre la chair plus dauantaige aulx estrangiers que a particuliers de la communaulté, plus s'il[3] ledit Gillier s'il faict acheptz d'ault[r]e graisse pour le jour de Pentecoste et feste bene-

---

[1] *En renvoi, en marge:* Ceulx qui onz la charge: n. Rolet Castellaz, P. Garin, F. Clere.

[2] *Cette date contient certainement une erreur, car le 16 février 1592 n'était pas un lundi.*

[3] *Sic, pour* si.

diction en septembre, allors serat audit[1] et taxé de monsieur le banneret, de quattres messieurs des bourgeois; plus ne doibura peser les testes de veaux, le tout par les reserues et conditions cy deuant faictes. Et sont constitués fiances et principalz pour ledit Gillier noble Rolet Castellaz, honorable Claude Vernaz et Jacques Genillod, bourgeois dudit Bulloz, promettant et obligeant de rendre debuoir, bien et fidellement seruir ladite ville, et accomplir toutes les reserues susdites, soubz l'obligation de tous leurs biens, avecq missions, etc. Passéz en Conseil le jour et an que dessus.[2]

Rippoz n.

Arch. de Bulle, Livre de la ville p. 28.

## 70. Réceptions bourgeoisiales et acensement des paquiers communs.

1601 III 14.

Nous l'aduoyer et Conseil de la ville de Frybourg, scauoir faisons qu'ayant nostre féal et très aymé Frantz Schrö-|ter moderne ballif de Buloz veu et entenduz que les banderets, gouverneurs, nobles et bourgeois et le général de la commune de la ville de Buloz, aussy noz très aymés et féals sub-|jects, avoient en pratique et vsance de recevoir et associer en leur commun plusieurs personages d'aultruy seignorie, moyennant entrage et pris asses hault, duquel nous et noz officiers | ne participons aucunement, comme aussy telle réception soy passoit et arrestoit sans intervention de nostre authorité et consentement de noz officiers, et pour ce que généralement rière tous | noz aultres estats les entrages des noveaux receuz et estrangers associéz en la participation des biens communs sont par bon règlement distribuéz et partis entre nous et les communes, ledit| nostre ballif auroit pris occasion de sommer et rechercher lesdits nobles et bourgeois à le faire participant en nostre nom des entrages durant sa charge tiréz et perceuz d'aucuns noveaux ha-|bituéz. Mais, recourrant ceux de Buloz à nostre provision, soustenoient que de tout temps et oultre toutte souvenance d'homme, avoient ehu et retenuz ceste liberté de recevoir en leur com[3] | commune les estrangers et que du pris de tels entrages en avoient absolument jouy, le retirant seul et l'appliquant, par à plain[4], au profit de leur commune

[1] *Un mot doit faire défaut dans le texte.*

[2] *En marge:* soit faicte lettre de gardance de damps pour les predictes fiances. Donné comme dessus.

[3] *Sic, erreur de scribe.* [4] *entièrement.*

sans que leur en soit requi et | esté fait aucun retranchement, comme mesmes en avoient lettres et seaux et des authentiques franchises, requérant très humblement qu'il nous pleust les conserver et maintenir | à teneur de leur bonnes costumes, ainsy que solennelement leur est promis metant en possession noz officiers audit lieu. Sur ce ayant estably terme aux commis | de leur commune à faire deuement pareoir des franchises préalléguées, lesquelles auons fait veoir par noz députéz sus la relation devant[1] eux, considérant que desja| en l'an mille trois cent quatre vingt et dix et sept, révérendissime seigneur Guillaume de Menthunay, évesque de Losanne, par acte selé et irréfragrable[2] fait mention comme les | bourgeois de Buloz pour la fortification du lieu et support des charges communes jouissent avec l'omgelt aussy des revenus des pasquiers communs rière le district et | terroir de Buloz et de la joux du Mont, ès quelz pouvoient accenser, donner à rente et disposer scelon leur plaisir et commodité, et qu'icelle costume par le dit | révérendissime seigneur évesque leur est confirmée. Comme aussy séquutiguement entre diverses fois en temps distinctz, tant par aultres successeurs évesques et par | leurs commis que durant la vacation du siège épiscopal, les immunitéz, franchises, libertés, graces et privilèges, et touttes leurs bonnes costumes, tant escriptes, que | non escriptes, sont confirmées non seulement par termes générals au nom de touttes les villes et places subjectes audit évescque, mais aussy particulièrement à ceux de | Buloz, et que nous mesmes ne prétendons innover, altérer ou vicier leur anciains drois, ains les maintenir à teneur d'iceux seelon que leur est promis, d'aultant | la réception en vue commune n'est aultre que participation et communication esgale ès lieus et revenus communs, laquelle à teneur de la susmentionnée lettre | et des confirmations ensuivies appartient ès dits nobles et bourgeois, ainsy que par leurs comptes nous est apparuz qu'ilz en ont diverses foys receu, voire mesme du | nombre de nostre conseil. Nous avons cogneu et ordonné en confirmation de touttes les susdites lettres, lesquelles tenons et réputons valides et suffisantes, | que lesdits nobles et bourgeois et toutte leur postérité pourront d'ores en avant et leur soit licite, comme jusques à présent, d'associer avec eux et recevoir de

---

[1] *La lecture de ce mot n'est pas certaine; la transcription dans le* R. E. *porte:* la relation d'iceux.

[2] *Ci-haut n° 18.*

leur au-|thorité privée, sans aucunement en attendre ou demander nostre consentement, tous les originelz rière noz aultres terroirs et seignories qui seront à leur gré et pour le pris | duquel pourront s'entre accorder, lequel leur appartiendra insolidement, sans nous en faire part. Mais, s'il estoit question d'en recevoir un estrangier qui ne fut de noz sub-|jects, n'estant raisonnable d'introduire aucun personnage sans permission du souverain, nous voulons que, à l'endroit de telz personnages forains, ilz doigent tousjours | obtenir nostre licence et permission et que allors la moitié de tel entrage, comme ilz pourroient accorder avec eux, nous doige apartenir. Déclairons en oultre que les | excessifz banquets cy devant accoustuméz bailler au touttage de la commune en telles entrées tant des estrangers que de noz subjectz, soyent du tout retranchéz et aboliz, et | qu'au lieu d'iceux le pris de l'argent soit haussé et augmenté pour l'appliquer au proufit de la ville et de nostre service, dont les gouverneurs nous en seront comptables et | à noz oficiers, sans le dissiper et despendre frustrairement. Et quant aux accensations que seront d'ores en avant faites desdits pasquiers communs dont la ju-|risdiction et directe nous appartient, affin lesdits communiers sachent avec quelle réserve lesdits accensements seront passé à l'advenir, ordonnons qu'ilz doigent impo-|ser en faveur du nostre chasteaux de Buloz à chescune pose demie batz de cense directe, avec tous drois seignoriaux et de jurisdiction, aussy le diesme quand seroient | ensemencéz et mis en fleur. Et par le mode sus déclairé, confirmons et ratifions leurs susmentionnées lettres, commandant que, à teneur d'icelles et de l'ordon-|nance susdéclairée ayent d'ores en avant à soy conformer. En foy et corroboration desquelles choses, avons apposé nostre seaux secret aux présentes sans aucun nostre | préjudice, le quatorziesme de mars l'an de grace courrant mille six cent et un.

A$^{us}$ a Montenach.

*Original:* parch. 47/31 cm.; Arch. de Bulle A n° 13, tiroir D n° 2.
*Sceau:* de Fribourg, dans une boîte ronde 48 mm. sur double queue de parchemin. Légende: + SIGNV. COMVNIT ... S. FRIBVRGI.
*Transcription:* Arch. d'Etat, Fribourg, R. E. vol. 24, fol. 37 v°.

## 71. Convention entre Fribourg et l'évêque de Lausanne au sujet de la renonciation de ce dernier à ses droits sur Bulle.

1603 III 18.

In nomine sanctæ et individuæ Trinitatis. Amen. Notum sit

universis, cum sanctissimus D. N. Clemens VIII, pontifex maximus, illustres et potentes dominos prætorem et senatum Reipublicæ Friburgensis per apostolicum breve, sub annulo piscatoris, die 29 mensis martii anni 1601, emissum interpellaverit monueritque ut bona et possessiones olim ad sedem episcopalem Lausanensem spectantia, quæ in prædictorum dominorum Friburgensium possessione existunt, una cum fructibus perceptis moderno episcopo Lausanensi reverendissimo et perillustri d. Joanni Dorotheo, olim metropolitanæ ecclesiæ Bisuntinæ suffraganeo, restituerent, ipse similiter reverendissimus tam verbotenus quam in scriptis in eandem sententiam coram senatu plurimis rationibus utriusque ecclesiasticæ et civillis magistratus coniunctionem et ad exercitium jurisdictionis episcopalis redditus et sumptuum necessitatem ostenderit, restitutionem a Pappa propositam urgendo, prælibati vero domini domini Friburgenses, sicut novissime defuncto piæ recordationis episcopo Lausanensi domino Antonio a Gorrevauld, contra similem petitionem respondebant præfecturam et jurisdictionem Bullensem cum adiunctis in quantum episcopo juris ibidem competere debebat et quidquid aliunde ex episcopali mensa in sua ditione contra violentiam inimicorum tutari potuerant non tanti esse valoris quin pro occurrenti rerum statu in ecclesiasticos usus multo plura intuitu eorundem bonorum impendissent quam inde percepti redditus æquare aut compensare possent, sicut pro exemplo allegabant quod ecclesiastæ suis stipendiis viventes plurimos in Helvetia extra suum territorium etiam capitales cantones contra hæreseos venenum in periculoso illo vastationis Germaniæ incendio divino assistente numine verissime præservarint, et non ita pridem ad erectionem sodalitatis beatæ Mariæ Compassionis in Thonon se mille aureos et plures liberaliter concessisse (quod tamen absque invidia et sine exprobatione intellectum vellent). Tum et urgebant quod piæ memoriæ reverendissimus Franciscus Bonhomius, episcopus Vercellarum, dum legati munere apud Helvetios fungeretur, instanter petivit, ut collegium Patrum Societatis Jesu apud illos ex bonis his ecclesiasticis extrueretur, qua in re ut tandem in conscientia et contra omnes novationes tuti essent, potius sese prodigos quam liberales exhibuerint, adeo ut coemptis ad tempus aliquot privatorum ædificiis usque dum structura collegii et scholarum perficeretur, in accomodandis privatis illis ædibus et area emenda ad novum ædificium, aliisque ad structuram pertinentibus sextuplo plus expenderint quam æstimatio omnium bonorum episcopalium cum omnibus fructibus præteriti temporis excrescere possent, adeo ut collegium hoc Friburgense omnia alia Germaniæ collegia situ, amœnitate et operis magnificentia si non superet ad minimum nobilissima æquet. Et quia idem reverendissimus Vercellensis (sagax rerum indagator) apprime noverat hæc ecclesiæ bona ad tantos sumptus non sufficere, fidem dederat se apud Pappam impetraturum ut aliquid subsidii ad hoc ædificium largiretur, quod etiam, uti sperant, ni morte præventus, opere exequutus fuisset, et quia hoc pacto iam semel restitutione facta, iterato eandem præstare neque iuri neque rationi consonum esset, excusabant se ad hanc petitionem minime teneri. Addebant insuper prædicti d. d. Friburgenses quod homines arcis Bullensis iam antiquitus sedentibus episcopis suæ reipublicæ adstricti tenebantur, præcipue ut in re bellica suas partes sequerentur et tutarentur, tum etiam quod provocationes ad magistratum Friburgensem devolvebantur, sicut per immunitates ab episcopis confirmatas apparet, quod ipsimet Bernates in præteritis contentionibus pro confesso admittunt. Item quod titulo emptionis majoriam et partem jurisdictionis, tum etiam montium et aliarum possessionum proprietatem sibi acquisiissent, et insuper ex suis vicinis dominiis sylvarum usum dictis Bullensibus concessissent, negabant omnino se de iure suo posse decedere, quod iusto titulo per maiores ad suas manus devolutum in posteros quoque inviolatum transferre cogitabant. Futurum alias, si arcem in ecclesiasticorum facultate permitterent, ut non solum quæsito qualicunque colore facile possessione, turbarentur, sed etiam ex hac arce quæ in meditullio agri Friburgensis, existit, quies et tranquillitas totius status et reipublicæ in manifestum coniiceretur periculum. Non negare quidem dominos Friburgenses quin arx et maior pars oppidi et ditionis Bullensis ad episcopos spectaverit, attamen bello petiti dum plus spei in suos affines hæreticos quam in catholicos collocarent, factum esse ut proditi a suis sese tutari et Bullenses defendere non potuerint, sed illos protegendos ad Friburgenses remiserint, qui subditi a vicinis Bernatibus in militari expeditione ad deditionem moniti nullum dubium quin in potestatem inimicorum cessissent, nisi oppositis armis Friburgensium, Deo illis favente, vires contrariæ ab ipsorum cervicibus repulsæ fuissent cum iactura non solum redditus sed etiam animarum quæ hucusque in fide catholica constanter perseverant, nisi etiam Friburgenses compositione facta alibi de jure suo cessissent, exigua salutis spes eisdem Bullensibus apparebat. Interim quanti steterit reipublicæ Friburgensi tanto tempore propter illos in procinctu militari rei eventum præstolari et comitiis, iudicibus et arbitris sæpius convocatis negotium hoc tractare notum omnibus esse qui rerum experientiam habent, tum quod ad æris alieni solutionem quo dominia hæc adstringebantur iudicio communis Helvetici senatus creditoribus præstandam pro rata cum Bernatibus coacti fuerint, ita ut, si computatio exquisita omnium harum expensarum iniretur, iam ante exstructum collegium legitimum prætium boni ecclesiastici abunde restitutum, et ita postmodum impensis collegii authoritate legati factis secundario rem eandem in pios usus conversam restitutamque esse, quod si in uniuscuiusque episcopi creatione semper ad primordia redeundum et de novo resumenda esset controversia, grave id futurum civibus qui ex prædictarum occasionum fundamentis ad aliam restitutionem sese adstrictos negabant, nulloque pacto sese ecclesiæ bonorum detentores existimant. Quia vero sæpius nominati domini Friburgenses se tanquam oves pastori suo lactis et lanarum fructus debere non detrectent, et ex piis quas in senatu attulit exhortationibus idem reverendissimus episcopus cognoscant administrationem spiritualis jurisdictionis absque fixo aliquo reditu stabilem non posse consistere, ut utriusque fori exercitium secundum normam concilii Tridentini, de qua amice invicem conventum est, legitime procedat, simul etiam ut antiqua disputatio de bonorum ecclesiasticorum restitutione tandem finiatur, per Pappæ et illustrum et reverendorum cardinalium authoritatem concessere dicti Friburgenses (absque ulla iuris sui renunciatione aut adstrictione, si conditiones propositæ respuerentur) quod si prænominatus reverendissimus episcopus universo iuri suo et omnibus actionibus et titulis pro se et successoribus in dicta præfectura Bullensi et dependentiis et omnibus aliis rebus quæcunque dicti Friburgenses ex bonis episcopalibus possident, perpetuo renunciare et id ipsum in magistratum et rempublicam Friburgensem transferre et resignare velit, et insuper a Sanctissimo D. N. et cardinalium consistorio confirmationem, absolutionem et generalem indulgentiam in legitima et authentica forma impetrare et obtinere velit, ita ut prædicta bona sine ulla molestia in futurum firma et integra iisdem Friburgensibus permaneant, se paratos esse pro regimine et muneribus episcopi in hoc Friburgensi territorio obeundis, non tamen ut alio transferantur redditus, presertim quando episcopi omnino nullam hic facerent residentiam, primo illi de commodis ædibus suo statui et œconomiæ convenientibus pro loci qualitate opportune prospicere, insuper etiam eidem resignare hortum aliquem vel pomarium pro recreatione et deambulatione intra urbis mænia existens, cum ædificiis et horreis requisitis. Tertio assignaverunt quoque in eundem usum prælibato domino episcopo decimam pagi de Sylva prope Staviacum, cuius proventus annuus pro fertilitate diversa attingit numerum septuaginta circiter ponderum vel saccorum omnis generis granorum vel septendecim modia plus minus, unoquoque modio ad quatuor saccos computato, in portiones quartæ partis tritici et siliginis et medietatis avenæ distributus. Quarto et ultimo considerantes iidem d. d. Friburgenses quod in duobus monasteriis ordinis Carthusianorum quæ in sua habentur ditione, exiguus fratrum numerus alitur, qui commode in alterutro trium horarum spatio distante nutriri possent, et unum horum Pars Dei nominatum non ita pridem incendio consumptum, licet ex parte ædificatum, perfectam reparationem difficilem et onerosam minetur, cuius monachi priores olim satis mala fide administrationem bonorum instituerunt, quamvis de moderno R. D. priore nihil prorsus querelæ audiatur et dicti d. d. Friburgenses eorum institutum et regulam amore singulari prosequantur, tamen quia meditationibus et privatæ vitæ solummodo vacent et commode in altero Vallis sanctæ eiusdem ordinis cœnobio collocari et impensæ restaurationis incendii vitari possent, permiserunt pro iure suo tutelari et patronatus quod ratione comitatus Grueriani in prædictum monasterium habent (loco prioratus Castelli Dex qui ipsis anno 1512 per Julium papam concessus, postea Bernensibus, dum comitatus prædictus Grueriæ divideretur, in portionem cessit) ut monasterium hoc Partis Dei a pappa eidem reverendissimo episcopo cum omnibus fructibus et dependentiis annectatur et incorporetur, si S. D. N. et venerabili eius concistorio hæc mutatio probari posset, sicut magistratus hic Friburgensis intentis votis expetit et S. D. N. obnixe rogat, ut necessitatem inevitabilem episcopalis præsidii plus cordi habere et huius episcopatus reliquiis de pastore potius prospicere quam in ruinosi huius monasterii restaurationem intendere velit, cum presertim in voto et principalioribus regulæ observationibus fratribus in alio cœnobio nihil deficere possit. Hac occasione intendunt etiam prædicti domini Friburgenses, si quidem in prefecturis illis quas cum Bernensibus vicinis communes possident, plurima loca ex libertate religionis catholicam fidem deserverint unde presbiteri catholici expulsi et eorum in locum ministri novæ opinionis, invitis et contranitentibus ipsis, successerint, quibus annua certa pensio ex parte etiam maior quam antiquorum beneficiorum redditus valebat, ex communi ærario et granario depromitur, ex quibusdam autem locis aliquid etiam ultra summam quæ expenditur ei commune ærarium defertur, cuius tamen ratio certa iniri nequaquam potest, et quandoque expensæ pro anni constitutione multis partibus redditus excedere possent, contendunt, inquam, ut quidquid ex huiusmodi hæreticis locis ultra pensiones constitutas in communes loculos converteretur vel etiam in futurum ab istis novis concionatoribus tanquam ab iniquis possessoribus civili titulo vindicari posset, illorum dispensationi apostolica concessione pro quiete conscientæ concederetur, ita tamen ut quamprimum providentia divina loca illa ad pristinam veram fidem reducerentur[1] (quod unice optant et in hunc finem etiam divisionem illarum præfecturarum cum multarum animarum lucro infallibili urgent) hæc bona ecclesiastica ex communibus præfecturis procendentia in ecclesiæ et spiritualis ministerii usum transferantur, reliquis bonis episcopalibus et ecclesiasticis quibuscunque, sicut in præsenti ab ipsis Friburgensibus possidentur, semper in eodem statu remanentibus. His excusationibus et articulis, ut supra expositis, cum idem reverendissimus post diversa in hunc finem allata undique argumenta tanquam oculatus testis structuræ collegii impensas maximas agnosceret, ex instrumento etiam quod cum præfectis religiosæ domus beatæ Mariæ Compassionis erectum est liberam donationem mille aureorum per dictos illustres dominos Friburgenses in eius fundationem concessorum, ultra gratuitam et liberam absolutionem diversarum obligationum factam esse eidem constiterit, insuper et certum habeat arcem Bullensem sibi et successoribus incommodam et in eadem contra omnes vicinorum astus tutanda magnum versari discrimen, non ipsi solum sed etiam universæ patriæ, eo animo paterno in Friburgenses tanquam filios et diœcesanos charissimos affectus, quemadmodum experitur illos intra fluctuantes hæreseon æstus undique agitatos nihilominus in fidei soliditate inconcussos intra angusta territorii sui limina permansisse, ita etiam divina providentia factum credebat, Deoque reddebat gratias quod reliquiæ hæ exiguæ sui episcopatus in Ecclesiæ sanctæ communione permansissent, et sicut hucusque actiones

[1] *La phrase, de* ita *à la parenthèse, est écrite en renvoi au bas de la page.*

eorundem Friburgensium sinceras, candidas et integras cognovisset, nec minorem in futurum de ipsis spem conciperet, ita etiam in hoc tractatu omnem integritatem et candorem sibi promittebat, proinde, quantum in ipso est, oblatas has conditiones prædictorum dominorum Friburgensium acceptans pro se suisque posteris in prædicto Lausanensi episcopatu successoribus quibuscunque, præhabita matura et diligenti inquisitione, semper tamen papæ beneplacito expresse ad hoc exspectato, cessit, resignavit, remisit et contulit, sicut per presentes forma ad dictamen legisperitorum requisita legitima et solidiori cedit, resignat, remittit et transfert prædictis dominis prætori, senatoribus et universæ communitati Friburgensi eorumque successoribus, videlicet arcem et dominium Bullense cum universis suis appendentiis, cohærentibus et adiunctis et generaliter quidquid iuris, tituli, actionis et successionis sibi suoque episcopatui pertinere debet et potest in eodem Bollensi dominio et omnibus bonis quæ olim in Friburgensium ditionem et potestatem ex bonis ecclesiasticis mensæ episcopalis cesserunt, interveniente super his solenni promissione fideque data prædictum reverendissimum episcopum et successores in contrarium nihil tentaturos quod eorundem Friburgensium quietam et liberam possessionem dicti castri Bullensis et cæterorum bonorum episcopalium turbare aut quovis modo impedire possit, quinimo se pro viribus apud S. D. N. et eiusdem S. S. senatum acturum et sollicitaturum ut hæc omnia legitime et authentice approbentur, et inter cætera ut perceptio parochialium et aliorum ecclesiasticorum bonorum quam in præfecturis communibus post distractas ministrorum pensiones in ærarium conferre possent, ipsis pro usurpatione ecclesiastica non imputetur, sed eorum dispositioni libere permittatur, usque dum populus hic divinæ misericordiæ oculis respiciatur et ad pastoris sui legitimi caulas perducatur, sicut ipse reverendissimus episcopus cognito rerum statu, quantum penes ipsum est, ex ordinaria potestate, quia sine dispendio tranquillitatis publicæ his incommodis obviari non potest, eosdem Friburgenses usque ad prædictum casum restitutæ religionis liberat et dispensat. Promittentes vicissim tam reverendissimus et perillustris dominus episcopus Dorotheus, quam dicti illustres domini Friburgenses bona fide et sub obligatione omnium clausularum de iure requisitarum omne id quod in præsenti tractatu narratum et expressum est, reciproce alterutri inviolatum et firmum observare, nulloque pacto in contrarium aperte vel implicite niti, renunciantes in hunc finem quibuscunque exceptionibus et allegationibus juris et facti, privilegiis, immunitatibus et canonibus quibus huic conventioni contradici posset, excepto tantum papæ iudicio, cuius dispositioni et authoritati ex utraque parte confirmatio huius transactionis commissa est. Vt autem constet posteris de negotio transacto utriusque partis sigilli appositione duplicia instrumenta erecta et expedita sunt die xviij martii 1603.

De mandato eiusdem reverendissimi domini episcopi Lausanensis et tanquam secretarius cameræ episcopalis Jo. Malliard, secretarius. Ant. a Montenach.

*Original:* perdu.
*Copie:* dans le corps de la convention du 29 mars 1615 (ci-dessous n⁰ 75).
*Impr.:* ASHF III p. 189 n⁰ CIV.

## 72. Banquet des dîmeurs.

1603 IV 29.

Nous l'advoyer et Conseil de la ville de Frybourg, scavoir fesons comme cy | devant eussions pour certaines, justes et raisonnables causes et considérations à ce nous monnaritz, defendu et | inhibé l'usance des festins et banquets que les justiciers auroient accoustumé de réserver aux dismeurs, en l'en-|chère de noz dismes, dont telle réserve redondoit à la diminution et amoindrissement de noz dismes, et conse-|quement de nostre profit et revenu; toutesfois, nous, estant par noz chers et féalz sujectz les commis | de Boulo aujourduy humblement remonstré que ledit banquet se fesoit et de tout temps avoit esté | fait et receu les jours de l'annuelle donna, qu'ilz distribuent libéralement la feste de Pentecoste, joint | que noz officiers, les justiciers et gardes n'avoient aultre récompence et recognoissance de leur peine et | vacation pour nostre service et conservation de noz droitz que ledit festin annuel percevable sur nostre | disme audit lieu, du moyen de quoy suplioient n'estre privés de la perception d'iceluy, ny dérogué à leur | ancienne usance cy devant par noz sentences sur ce rendues, bénignement permise et tolérée. A ces | causes inclinant libéralement à la suplication et requeste de nos dits justiciers, désirant iceux bien et | favorablement traister, et les faire jouir d'honneste et raisonable récompence de leur peine et vaca-|tions, leur avons permis et octroyé, et par ces présentes permetons et octroyons (si longtemps | toutesfois qu'il nous aggréera et semblera estre expedient) de réserver annuellement, percevoir | et retirer sur nostre disme la somme de dix escus faible monnoie applicable au paiement dudit festin | ou telle autre chose qu'ilz adviseront et que mieux leur aggréera, défendans et interdisant | an[1] nos dits sujectz en l'enchère de noz dismes toute aultre réserve, augmentation de la dite somme et | autres inventions tendantes à diminution et amoindrissement de noz dismes et domaine. En foy de quoy | avons sellées les présentes de nostre seau secret le vingt et neufvième d'avril l'an de grâce | mille six cent et trois.

Bart$^{us}$ Reynauldi.

*Original:* parch. 35/24,5 cm.; Arch. de Bulle A n$^{o}$ 14, tiroir D n$^{o}$ 3.
*Sceau:* de Fribourg, dans une boîte ronde, 48 mm., sur double queue de parchemin. Légende: + SIGNV. COMVNITATIS. FRIBVRGI.

**73.** Sentence supérieure [de Fribourg] qui réprime les prétentions que le baillif de Bulle vouloit introduire en s'arrogeant des droits sur les réceptions des nouveaux bourgeois et sur tous ceux qui obtenoient des emplois ou quelques offices de la Bourgeoisie. — 1603 VIII 28.

*Original:* perdu.
*Regeste:* Comba p. 74.

## 74. Convention entre Fribourg et l'évêque de Lausanne au sujet de la renonciation de ce dernier à ses droits sur Bulle.
1614 IX 19.

Notum sit omnibus ac manifestum quod cum reverendissimus | ac illustrissimus dominus D. Johannes a Wattenwyl, episcopus ac princeps Lausanensis, conventionem inter reverendissimi sui episcopatus antecessorem D. Joannem Dorothæum et illustres ac magniifficos | dominos D. consules, senatores et universitatem reipublicæ Fryburgensis suæ diocœsis erectam, intellellexisset[2], in qua de bonis olim ad mensam episcopalem spectantibus, præcipue vero de arce Bollensi, | eiusque dependentiis, et in universum quidquid in territorio eorundem D. D. Fryburgensium quoquo titulo episcoporum jurisdictioni antiquitus subyciebatur, conventum est, ut omnia ista in urbis Frybur-|gensis incolas et successores translata et resignata, eodemque in statu sicut

[1] *Ce mot, qui ne signifie rien, doit être une erreur de scribe, probablement pour à.*
[2] *Sic.*

in præsenti existunt, absque ulla in posterum instituenda repetitione aut querela, salva, libera et inviolata permaneant ratio-|nibus et causis in prædicta conventione ad longum expressis et declaratis. In quorum vicem prædicti illustres domini Fryburgenses eidem reverendissimo antecessori primo decimam pagi de Sylva prope Staviacum | et in sua urbe commodas ædes cum pomario ad recreationem traderent ac procurarent. Hæ conditiones utrinque licet promissionibus ac in instrumento solenni stabilitæ, prout ad longum ex tabulis | inde confectis resumendæ contrahentium partium sigillis et secretariorum chirographis stabilitæ sunt, anno M. DC. III, die XVIII martii. Tamen sicut superiorum est habenda ratio, quia S. D. N. | confirmatio ex parte reverendissimi episcopi expresse fuerit requisita, cuius Ludovico de ratificacionis vices suo pro tempore residenti nuntio Helvetico commiserat, ut auditis partibus omne negotium exa-|minaret ac inquireret de novo. Interim vero defuncto piissimo antecessore Dorothæo et sede episcopali per aliquot annos vacante, ita imperfectum hæreret negotium, tandem electo supradicto illustrissimo ac reverendissimo| D. a Wattenwyl, cum quo sicut etiam cum eius prædecessore omnia composita et bene disposita conveniebant. Tamen mutatio subinde per hæc intercidentia nuntiorum apostolicorum qui | absque speciali et expressa commisione ac mandato PP. huic se negotio ingerere nolebant, dubitabatur et in procinctu erat novæ legationis in urbem ad S. D. N. mittendæ consultatio cum magna | temporis ac sumptuum jactura, cui obventum est per singularem providentiam ac pervigilem industriam eiusdem reverendissimi et illustrissimi episcopi domini a Wattenwyl, cuius sedula instant-|ia ac sollicitationes a S. D. N. impetrarunt non solum ut modernus illustrissimus ac reverendissimus nuncius apostolicus, sicut cæteri ante ipsum prædecessores, huic operi manus admoveret et confirmationis | chartas per viam exactæ informationis ac scrutinii causarum expediret, sed etiam ut simpliciter absque ulla restrictione apostolicæ auctoritatis robur adhiberet, modo inter partes prædictas | de pactis et conditionibus conveniret et quæ utrinque promissa fuerant cum effectu observarentur. Quamvis autem dicti domini Fryburgenses novum examen ac inquisitionem omnium bonorum | ecclesiasticorum minime detrectassent, utpote qui rationes ad argumenta prius contra defunctum reverendissimum allata et his maiora quæ iterum ab eo tempore innotuerunt, sese ad oculum probaturos confidunt, san-|ctæque affirmare possunt, nulla præteritorum sumptuum habita ratione, simplicem censum eorum quæ modo per ultimam hanc transactionem in ecclesiæ commodum resignant redditus omnes episcopales | secundum communem existimationem potius superare quam adæquare. Nihilominus hanc reverendissimi ac illustrissimi D. sui pastoris paternam sollicitudinem ea qua par est animi gratitudine amplectentes | ac bene erga se affectum animum agnoscentes, gratias quas possunt eidem referunt debitas quod compendiosiori via minorique dispendio tandem ad perfectionem promoveatur hæc controversia, offe-|runtque vicissim in omnibus ad reverendissimi et illustrissimi episcopi dignitatem, ornatum et commodum spectantibus se pari promptitudine ac benevolentia reverendissimæ ad illustrissimæ D. suæ gratificaturos. Quod uero rem ipsam et executionem realem promissorum concernit, siquidem reverendissimus ac illustrissimus episcopus iam trium annorum fructus decimæ de Sylva ab ipso tempore quo ad episcopalem dignitatem evectus | fuit, numerata pecunia recepit, postea sequentibus annis per suos locatores decimæ proventus colligi curaverit, aut publicis licitationibus emendas ad auctionem exposuerit, ita ut iam corporalem | et actualem possessionem eiusdem decimæ apprehenderit, sicut etiam horreis cum pomario et virgulto quæ olim sædes et habitatio erat prædecessorum episcoporum fruitur prope mænia in superiore | occidentali urbis parte existentibus, olim Chastel-Alaigre nuncupatis. Quæ omnia tam decimam quam horrea et pratum contiguum una cum fundis, juribus, proprietatibus, inhærentibus, adjunctis et dependen-|tiis universis ac singulis eidem illustrissimo ac reverendissimo Joanni a Wattenwyl, pro se et suis in eadem dignitate successoribus et posteris antedicti DD. Fryburgenses iam antea et nunc iterum meliori forma et | solemnitate qua ex juris præscripto ad dictamen peritorum firmius ac solidius fieri potest, tradunt, resignant, concedunt et permittunt concedentes ut idem reverendissimus sibique in officio succedentes le-| gitime tanquam veri domini ac possessores liberam earundem decimarum ac horti administrationem, dominium et usum, redditus et proventus exigant et percipiant, iis utantur ac fruantur pacifice | et absque omni impedimento, nullo titulo, actione, jure aut exceptionis beneficio eiisdem dominis Fryburgensibus relicto, nisi quod eorum, quæ hoc tractatu concedunt, regalium honore gaudebunt. Quod vero ad habitationem ædesque episcopales spectat, de quibus parandis domini Fryburgenses per conventionem obligati sunt, nec promissa detrectant, reverendus autem hoc rerum statu sibi | et successoribus onerosas easdem multis casibus expositas et minus necessarias existimat, satiusque esse ut earundem pretium in futuros usus reservetur et inde annui emergant proventus, | ita conventum est inter prædictas partes, mutuo consensu, sine primi tractatus restrictione aut alteratione, ut summa pretii emptionis quod ad bis mille octingentos aureos huius patriæ valoris | designatum erat, una cum aliis ducentis aureis qui propter reverendissimi et illustrissimi nuntii apostolici exhortationem superadjuncti sunt, usque dum aliter statueretur, in dominorum Fryburgensium | potestate et administratione remanerent, atque inde census annuus centum quinquaginta aureorum eidem reverendissimo, successoribus ac subdelegatis eius penderetur, quo censu medi-|ante magistratus Fryburgensis ab onere procurandæ habitationis immunis, liber et exemptus maneret et quantum ad conducendas ædes quotannis pro locatione impendendum ex eodem | censu depromeretur. Successu vero temporis si communi consilio domus apta possit vel acquiri vel de novo erigenda sit, tum demum etiam prædictorum trium mille aureorum | vel ad emptionem vel ad sumptuum subministrationem promptam solutionem per dominos Fryburgenses præstandam esse, ad quam solutionem uno vel altero casu adveniente, itemque ad per-|solvendum annuum censum prædesignatum centum quinquaginta aureorum paratos promptosque sese offerunt, eumque in finem omnes ærarii sui redditus ac proventus, omniaque commu-|nitatis bona hypotecæ instar obligata profitentur ac agnoscunt, usque dum satisfecerint ad ultimum usque et promissis steterint, spondentes ex utraque parte tam reverendissimus et illustrissimus | episcopus quam etiam prænominati domini Fryburgenses bona fide ac per voti astrictionem instar solennis juramenti atque sub bonorum omnium obligatione, se tam hanc quam etiam præcedentem transa-|ctionem atque instrumenta inde confecta cum omnibus et singulis in iisdem contentis rata, firma, inviolabiliterque stabilia observaturos, nec ullatenus in contrarium quavis obliqua intentione quid-|piam aspirare, tentare, objicere aut moliri velle, et proinde singulis juris et facti exceptionibus, allegationibus, cautelis et subtilitatibus renuntiantes, etiam legis dispositioni quæ huiusmodi | generales renunciandi terminos abrogat, nisi in particulari casus necessarii specificentur, quæcunque omnia et alia requisita pro expressis reputantes. Rogant unanimes reverendum et illustrissimum D. | nuncium apostolicum ut pro maiori firmitudine et ea quam a S. D. N. accepit facultate hæc nova pacta conventa cum præcedentibus transactionibus eandem ob causam initis robo-|rare, confirmare ac auctoritate apostolica stabilire dignetur. Id quod ad quietem utriusque ecclesiastici et secularis status, ad Dei gloriam et bonum ecclesiæ contrahentibus aut maximi| instar meriti cedet, cui pro facultatibus rependendo nullam omittent occasionem sanctæque ecclesiæ, eiusque dispensatoribus semper animi promptitudine, devotisque obsequiis cohærebunt. | In quorum fidem ac robur ambarum partium sigilla apposita sunt, die decima nona mensis septembris, anno a Dominica incarnatione millesimo sexcentesimo decimo quarto.

Wattevile, episcopus Lausannensis. $A^{us}$ a Montenach.

*Original:* parch. 69/70 cm.; Arch. d'Etat, Fribourg, titre de Bulle n⁰ 36.
*Sceau:* non scellé.
*Impr.:* ASHF III p. 196 n⁰ CV.
*Regeste:* Mémorial de Fribourg IV p. 18.

**75.** *Louis di Sarego* (comes Saregi), *évêque d'Adria, nonce apostolique auprès des Suisses et Grisons et des évêques de Constance, Sion, Lausanne, Coire et Bâle, confirme les conventions des 18 mars 1603 (n⁰ 71) et 19 septembre 1614 (n⁰ 74) conclues entre Fribourg et l'évêque de Lausanne au sujet de Bulle.* — 1615 III 29. Altdorf.

*Originaux:* A, cahier parch. 10 fol. 24/32 cm.; Arch. d'Etat, Fribourg, titre de Bulle n⁰ 35. B, cahier papier sous couverture de parch. 10 fol. 20/31,5 cm.; Arch. d'Etat, Fribourg, Affaires ecclésiastiques n⁰ 409.
*Sceau:* A, du nonce, rond 45 mm., cire rouge, dans une boîte de cuivre, pendu sur double cordon de soie; légende: LVDOVICVS · SAREGVS · EPS · ADRIENSIS. B, le même sceau, mais plaqué en papier.
*Impr.:* ASHF III p. 201.

## 76. Transfert du jour des marchés.

1628 VII 6.

Le jour du lundy cy dessus estably et désigné[1] pour tenir le marché soy | trouvant incommode et mal propre à cause des marchéz ordinaires ja usitéz | ès villes prochaines et voisines, mes honoréz souverains seigneurs et su-|périeurs du Conseil privé de la ville de Frybourg, considérants que dempuis | et après le marché de Gruyère au mecredy, ceulx qui n'auroient bien venduz | ou faict leur provision

[1] *Dans l'ordonnance du 29 août 1577, ci-haut n⁰ 61.*

pourroient au jour suivant récompenser et fournir | au défault, partant en cest endroit por le changement du jour qui ne pourte | aucune conséquence, ont permis et accordé que lesdits nobles et bourgeois de | Buloz puissent changer, transférer et célébrer leur marché chescune sepmaine | au jeudy, au lieu qu'il estoit par cest octroy[1] désigné au lundy, avec exhortation que | par leur amiable traistement ilz attirent les marchants à le visiter et fréquenter, | tousjours soubz la première réserve du bon vouloir de mesdits seigneurs scelon les occuren-|ces. Passés en Conseil, ce VI de juillet 1628.

A^us a Montenach.

*Original:* au pied de l'acte du 29 août 1577, ci-haut n° 61.

## 77. Marchés de Bulle et Gruyères.

1629 II 7.

Nous l'advoyer et Conseil de la ville de Frybourg, certifions à tous par icestes ainsy que la ville de Buloz anciainement ehust accoustumé | tenir un marché ordenaire, come leurs tiltres et anciains privilèges le contiennent, voire mesme aucuns de passé quatre cent ans, par lesquels les jadis seigneurs évesques de Lausanne en bonne suitte | donnoient licence, permission et liberté de continuer et fréquenter ledit marché, joinct que sus une conteste pour icelluy suscitée entre lesdits révérendissimes évesques et un comte de Gruyère, qu'entreprenoit d'introduire | et dresser semblablement un marché rière sa terre, le comte de Neufchastel come juge et arbitre auroit terminé ce différent en faveur de ceux de Buloz et de leur seigneur, défendant et retrancheant ceste prééminence | audit comte, lequel mesmes auroit promis s'en dépourter et le quicter. Ce nonobstant, par succession de temps seroit arrivé que dans la ville de Gruyère les marchés et foires auroient continuellement et si long temps | esté fréquentées que par longue duré d'années et possessoire privilégié soy seroient aquis ceste droicture et prééminence, et ceux de Buloz de mémoire et souvenance n'en auroient ehu l'usage, soit à cause tant de grandz | ovailles ou aultres occasions, sinon qu'avant peu[2] de temps lorsque la ville de Gruyère fust infectée de maladie contagieuse, pour éviter le danger, le traffic et assemblées des voisins et marchants seroient esté trans-|férées et tenues audit Buloz, et

[1] *Dans l'ordonnance du 29 août 1577, ci-haut n° 61.*
[2] *Dans la transcription* avant quelque peu.

néantmoins cessant la contagion retourné au premier estre de célébrer les marchés à Gruyère. Cependant, les nobles et bourgeois modernes habitants audit Buloz, recognoissants | par expérience les commoditéz, proufits et advantages que leur appourtoit un marché, auroient taché de le maintenir et conserver. A quel effect, recherchants leurs anciains tiltres et immunitéz et retrouvants celles | desquelles est cy dessus faicte mention, les nous auroient cy devant présentées avec humble et instante prière qu'il nous pleust leur donner puissance et permission de metre en usage rière eux ledit marché et de | confirmer et ratifier lesdites leurs anciaines franchises. Ce que leur ayants favorablement accordé, come désirants leur bien, honeur et avancement et qui les avons tousjours asseuréz de les conserver jouxte leurs | bonnes costumes et franchises, laquelle promesse est aussy renouvellée à touttes institutions de noz officiers et ballifs. Oultre ce, sus leur remonstrance et représentation de quelques inconvénients du jour, | qu'estoit par leurs tiltres estably au lundy, aurions changé et remis icelluy au jeudy, come libre et exempt, pource qu'en icelluy rière noz estats n'estoit tenuz aucun marché, mais bien tous les aultres jours, | et notament au lundy à Chastel S. Denys, d'où nous seroit esté supplié de non introduire un aultre à leur préjudice et désadvantage, oultre ce nous auroit esmeu à ce changement du jour, la voisinance et | condition du marché de Gruyère, affin que ceux qui n'auroient débité leurs denrées le mecredy, les puissent plus facilement présenter vendables le marché suivant et qu'unchescun sceust avec meillieure | commodité faire sa provision. Nous réservant touttefois que survenant quelque juste opposition, il nous fut tousjours libre et permis d'appourter les remèdes et corrections convenables. A quel changement de jour, | les nobles et bourgeois de la ville de Gruyère, pour conserver l'advantage de leur marché confirmé par usance de plusieurs centaines d'années faisoient aussy conster que leurs jadix seigneurs leur | avoient octroyées les vendes, désignant et spécifiant combien leur estoit permis d'exiger sus chescune sorte et espèce de marchandises. Lesquelles vendes ne soy pouvoient entendre ny lever sinon a un | jour de marché. Et si bien ne vouloient empêcher que leurs voisins de Buloz ne puissent prévaloir des graces que leur estoient ottroyées, néantmoins qu'elles devoient rester en tels termes come estoient | au lundy, car le changement du jeudy causeroit la ruine et abolition du marché de Gruyère, parce que les voisins laisseroient les graines à Buloz, et par conséquent le leur ne seroit plus tant fréquenté, dont | les habitans et pauvres gens de Gruyère, que soy nourrissent en bonne partie par fournoiement et vente du pain, ne soy pourroient plus entretenir, les mollins et aisements ne pourroient gagner leur censes | et le revenuz ou firme du four ne reviendroit plus à si hault pris, come auparavant, tellement que, la ville despeuplée, nostre maison forte et chasteau n'en pourroit au besoin estre secondé sans une garde | ordinaire pour obvier a touttes surprises. Maximent par l'introduction de ce nouveaux marché, l'on fourniroit les moyens aux voisins d'enlever au double plus de graine que par le passé. Contre lesquelz | et leurs excès l'on ne scait assés surveiller, qu'ils ne causent annuellement une grande cherté. D'aillieurs estoit aussy objecté esdits de Buloz par leurs voisins de Gruyère qu'ilz avoient mésusé de | l'octroy et grace obtenue, practiquants quelques secrètes et particulières conventions avec les voisins, contraires à noz mandements et ordonnances que ne visoient à aultre but sinon d'empêcher et du tout | abolir le marché de Gruyère. A quelle intention les ambes parties s'estant per diverses fois présentées devant nous, s'excusants réciproquement de ce qu'estoit objecté par l'aultre, pour obtenir leurs intentions. | Et notament ce jourd'huy noz bien ayméz ballifz Daniel de Montenach, anciain, et Nicolas Meyer, moderne, de Gruyère, pour assister ceux de leur charge, au nom desquelz sont comparuz les honorables et discrets | Jehan Clerc, curial, et Franceois Castela, jadix banderet, notre bourgeois, aussy Peter Allt, ballif, avec les députéz de Buloz, honnorables et égrèges Franceois Castela, lieutenant, Franceois Tentorey, banderet, Franceois | Michiel, gouverneur, et Pierre du Rippoz, réitérants par longues supplications les mesmes raisons, franchises, objections et alléguations come sont en partie cy dessus ténorisées. Nous pour décision de ce différent, | en premier lieu nous réservants la puissance et faculté come supérieurs et maistres de pouvoir tousjours en cest endroict ordonner et disposer scelon les occasions et exigence de faire à notre bon vouloir et plaisir, | aussy de chastier ceux qu'auroit failly et contrevenuz à l'observation de noz mandements. Néantmoins pour le présent en suivant notre premier octroy et considérantz que tous noz subjects à l'entour trouvent | commode et proufitable l'érection de ce marché de Buloz et qu'il soit fréquenté le jeudy, mesme noz bien ayméz bourgeois le général de l'Abbaye des bouchier[1] ont prié et recommandé ce marché. Pourtant | pour un commencement et essay voulons et ordonnons qu'il soit tenuz et célébré le jeudy après celluy de Gruyère avec touttes solennitéz, ordre et façon come d'aultres noz villes ont accoustumé. Ainsy | et avec telle réserve, condition et déclairation qu'ils soy doigent ranger, suivre et obéir à touts noz mandements, pollices et règlements, sans attenter à aulcune intelligence, monopole ou pratique au | préjudice l'un de l'aultre soubz peine de condigne réprimende et chastiement. Et ès jours quand ledict marché seroit empêché par quelque grande feste, affin il ne tombe tout ensemble en un mesme lieu, | ceux de Gruyère devront avancer le leur au mardy et la veille de telle feste, et ceux de Buloz le remetront au vendredy après. Demeurant au reste bons voisins, frères et amys, come touts d'une | mesme seignorie, à quoy les exhortons paternelement. En foy de quoy avons corroboré les présentes de notre scel secret, sans notre préjudice, le septiesme febvrier l'an mille six cent | vingt et neuf.

$A^{us}$ a Montenach.

*Original:* parch. 61,5/37,5 cm.; Arch. de Bulle D nº 6, tiroir D nº 6.
*Sceau:* de Fribourg, rond 45 mm, cire brune, dans une boîte pendue à une double queue de parch. Légende: + SIGNV : COMVNITATIS : FRIBVRGI.
*Transcription:* Arch. d'Etat, Fribourg, R. E. vol. 26, fol. 494.
*Vidimus* du 19 mai 1757, par le not. Mivroz: papier, double feuillet 21,5/35,5 cm.; Arch. de Gruyères nº 176.

## 78. Collation et patronat de l'église. Droits de la bourgeoisie.

1648 II 17. Fribourg.

Nous Jost Pierre du Mont, théologien, docteur en droit canon, prothonotaire apostolicque, prieur | de Senpsalles, vicaire général et official d'illustrissime et révérendissime seigneur Jean de Watteville, évesque et conte de Losanne, prince du St. Empire romain, abbé de la Charité, | ordre de Cisteaux, au conté de Bourgogne, etc. etc. scavoir faisons à tous modernes et futurs comme soit que différentes mésintelligences et difficultés soyent esté esmeues et | suscitées entre les Rds et vénérables curé et chapellains du vénérable clergé de Bulloz, en nostre diocèse et au canton de Frybourg, d'une, et la noble et honnorable bourgeoisie et | paroisse dudit Bulloz, de l'autre des parts, desquelles sont issus depuis peu de temps en ça divers

[1] *Dans la transcription* bourgeois. *Dans l'original,* bouchier *est écrit en surcharge sur* bourgeois.

procès, en sorte qu'estant le tout venu à la cognoissance de Leurs Excellences du Conseil | estroict de la ville de Frybourg, icelles désireuses de restablir une bonne paix, union et concorde entre leursditz subjets et leurs pasteurs ecclésiastiques, ont député de leur corps les spectables, nobles, prudentz et vertueux seigneurs Rudolph Weck, lieutenant d'advoyer, Jean Danyel de Montenach, chevallier, et Peter Reyff, gentilhomme, tous conseillers audit conseil, et | Béat Jacob de Montenach, banderet du quartier du grand rang de ladite ville de Frybourg, pour avec nous entendre les raisons causantes telles animosités et différents et leur faire | une bonne paix et réconciliation de tout le passé et un règlement et ordonnance sur les poincts qui les pourroyent troubler et altérer à l'advenir. A quel effect estantz ce jourdhuy | soubsrips tous assemblés, sont comparus par devant nous les Rds et vénérables domp George Michel, curé, et domp François Courton, chapellain, au nom du reste dudit vénérable clergé,| acteurs, et les honnorables et discretz Claude Glascon, banderet, François Moret, commissaire, et Jean Glasson, notaire et gouverneur, tous bourgeois, commis et députés de la généralité | de ladite noble et honnorable bourgeoisie de Bulloz, et honnorable François Grimaillier, mestral de Morlon, commis et député de la part de la commune dudit Morlon,[1] rées et deffenseurs. Et premièrement, avançoyent lesditz vénérables acteurs le droict de patronnage et collation de la cure dudit | Bulloz avoir esté conféré audit vénérable clergé par acte authenticque, lequel ils prient estre confirmé affin qu'ils en puissent paisiblement jouir. Secondement, alléguoyent les revenus | et rentes dudit vénérable clergé n'estre bastantes et suffisantes pour l'entretien de quatre chapellains, veu que tous leurs revenus fixes ne montent plus haut de deux | centz trente escus Frybourgois, et pour ceste raison supplioyent ledit nombre de quatre estre réduict à trois, lesquels satisferont suffisamment aux debvoirs et charges deues. | Troisiesmement, nous requéroyent voulloir faire quelque règlement pour les chapelles en vertu desquelles le clergé subsiste, affin qu'elles ne soyent toutes ou la pluspart conférées | à un ou à deux. Quatriesmement demandoyent confirmation d'un règlement faict par mondit seigneur évesque et conte de Losanne concernant les offices, eu esgard qu'auparavant ils | estoient excessivement surchargés en comparaison desdites rentes. Finallement, supplioit ledit

[1] *Ce dernier membre de phrase (depuis* Bulloz) *est écrit en renvoi au bas de l'acte.*

Rd seigneur curé que la surcharge des festins et bancquets accoustumés d'estre faicts | aux chapellains par le curé fust restraincte et modérée, attendu qu'il s'en ensuit[1] des grandes missions sans que pourtant le curé en retire aucun advantage. Sur le | premier article respondoyent lesdictz Srs commis deffenseurs l'acte cité par les vénérables acteurs en vertu duquel ils prétendent jouir du droict de patronnage dedite cure, avoir esté cassé | et annulli par décret de la révérende cour épiscopale de cest évesché, et partant devoir estre à présent inofficieux; au contraire prient que ladite noble et honnorable bourgeoisie soit ordonnée patrone | et collatrice d'icelle pour avoir de tout temps desjà rendu les debvoirs en tel cas requis, particulièrement en bastissant et maintenant les bastimentz en dépendantz. Sur la | seconde proposition, objectoyent ne pouvoir bonnement scavoir si les rentes du clergé ne reviennent plus haut que la somme par les vénérables acteurs alléguée; mais pour en venir à la | cognoissance, prient qu'ils soyent tenus leur en donner spécificque communication, s'estonnant de ce poinct, attendu que de temps immémorable l'ancien nombre de quatre y at tousjours | esté desdites rentes entretenu et que mesme il y en avoit qui se mettoyent à leur aise, inférantz qu'il faut qu'ils ayent diminué des sommes capitales. Quant au troisiesme | poinct concernant les chapelles, prioyent ladite noble bourgeoisie estre maintenue dans les droicts pour celles desquelles elle est collatrice. Pour responce du quatriesme poinct | protestoyent seulement que ledit vénérable clergé fust obligé et induict de satisfaire à ses fonctions, offices et devoirs comme du passé, et pour conclusion supplioyent d'estre ordonnés | patrons et collateurs dudit vénérable clergé, avec quelques autres débattues concernantz lesditz articles. Lesquelles ayantz bien au long entendues et meurement examinés, avons | entre lesdicts spectables et prudentz seigneurs prénommés, après l'invocation du sainct nom de Dieu, assoupissement de toutes paroles aigres et picquantes, et restablissement de bonne paix et amitié, faict | nostre déclaration, ordonnance et règlement comme s'ensuit. Primo, d'autant ny l'une ny l'autre des parties ne faict conster d'un droict évident de la collature dedite cure, pour obvier | aux inconvénients qui pourroyent survenir selle[2] estoit ordonnée à l'une ou l'autre, lesditz spectables, nobles et prudentz seigneurs ont réservé et retenu ledit droict pour nos souverains seigneurs | et supérieurs de ceste ville de Fry-

[1] *Sic.* [2] *Sic, pour* si elle.

bourg, eu esgard aussy qu'ambes parties par leurs débattues le leur ont librement cédé. Lesquelsditz souverains seigneurs néantmoins de grace spéciale ont | permis et concédé à ladite noble bourgeoisie, par sentence du 30$^{me}$ apvril 1648, la présentation en chasque vacance (si longtemps néantmoins que bon leur semblerat et qu'avec icelle ils procéderont | deuement). Secondement, avons ordonné que ledit nombre de quatre chapellains (y compris ledit seigneur curé) devoit estre restabli audit clergé et y estre d'oresenavant punctuellement et assiduement | maintenu. Troisiesmement avons prononcé affin que ledit nombre puisse tant mieux subsister, que toutes les rentes des chapelles dudit Bulloz se devoyent d'oresenavant partager | entre lesditz quatre chapellains dudit vénérable clergé, sans que l'un doige en icelles avoir plus d'advantage que l'autre, et ce desjà depuis la feste S$^{t}$ André passée; et que les offices et obligations | devoyent aussy estre faicts et acquittés diligemment et sans obmission en corps de clergé, scavoir est par une alternative ou avec règlement qu'ils feront entr'eux, moyennant que les volontés des | fondateurs soyent[1] punctuellement observées. Mais quant à l'obligation deue aux pestiférés de l'hospital, avons ordonné que le plus jeune et nouveau chapellain y satisferoit. | Nous n'avons rien résous sur le quatriesme poinct, pour ne voulloir toucher à ce que mondit R$^{me}$ seigneur de Losanne at ordonné. Cinquiesmement, prononceons et déclarons ladite noble bourgeoisie | devoir d'oresenavant perpetuellement jouir du juspatronat dudit vénérable clergé et de tous les privilèges et prééminences qui l'accompagnent, laquelle aussy se devrat acquitter des charges | et debvoirs de collatrice et patrone. Sixiesmement, avons restrainct et modéré les festins et repas annuels pour tout le futur du seigneur curé aux chapellains à six, lesquelsditz seigneurs | chapellains le devront à l'advenir de leur possible assister en sa charge pastorale et particulièrement aux confessions, cathéchisme et prédications, sans que pour ce entendions luy rien tollir | ny diminuer de ses droicts, profitz, émolumentz, accidentz et advantages, ny à ses successeurs. Par quelles nos déclarations disons les poincts cy devant contestés devoir estre bien éclaircis, décidés | et pacifiés et la pristine bonne amitié et concorde restablie et inviolablement observée, compensantz pour bon respect toutes missions. Laquelle nostre prononciation ainsy aux parties | référue, chascune au nom de ses cons-

[1] *Ce mot est répété par erreur dans le texte.*

tituantz at accepté et promis d'oresenavant observer à paine de tous damps. Passé dans Frybourg, soubs nostre seau accoustumé et signature | de nostre secrétaire, le dixseptiesme jour de febvrier, en l'année mille six centz quarante huict.

Petrus Maretoud, not.

*Originaux:* A parch. 44,5/38 cm.; Arch. de Bulle, n° 86. B idem 43/44 cm.; Arch. de Bulle B n° 7, tiroir D n° 15.

*Sceaux:* pendants sur doubles queues de parchemin 1° du vicaire général, ovale 35/40 mm., cire verte, légende: I. P. DV MONT. PROTO. AP. V. G. AFF. LAVSANN. 2° de Fribourg, rond 45 mm., cire verte, légende: + SIGNV. COMVNITATIS. FRIBVRGI. Chaque sceau est dans une boîte ronde; les deux originaux portent les mêmes sceaux.

*Impr.:* ASHF III p. 208 n° CVII.

*Remarque:* l'acte a été rédigé plusieurs mois après le jour de la sentence, puisqu'il mentionne le mandat de Fribourg du 30 avril 1648 (ci-dessous n° 79).

## 79. Présentation du curé.

1648 IV 30.

Après que les nobles et bourgeois de la ville de Bulle ont estéz appointéz avec le vénérable Clergé dudit lieu, au soubjet du patronage et droit de collature des révérends seigneurs chappelains audit Clergé, qui convient présentement aux nobles et bourgeois toutes fois et quantes que vaccation y eschet, il s'agit encores du droit de collation sur la cure, pour lequel les commis de la bourgeoisie ont prié qu'il pleut à Leurs Excellences du Conseil privé de leur en faire transport et cession, eû esgard de ce qu'iceux ont fourni tous les batimens et réparations nescessaires tant de la cure que de l'église, si doncques Leurs dites Excellences inclinent quelquement à leur requeste à ces raisons, elles leurs ont donné, cédé et transporté le droit de présentation pour les vénérables seigneurs curéz, qui devra être faite sur plusieurs ou plus d'une personne capable pour cette fonction, desquelles Leurs Excellences auront la nomination telle que leur plaira, et en laissent ainsi la présentation à ladite bourgeoisie tandis qu'il leur plaira.

Actum, le 30ᵉ d'avril 1648.

Vice-secrétaire de Fribourg.

*Original:* perdu.

*Copie:* du 20 mai 1756, papier, double feuillet 21/34 cm.; Arch. de Bulle B n° 8.

## 80. Serment des lieutenants de baillifs et de chattelains.

1658.

Les lieutenants aux balliages et chattelains jurent d'estre féaux et [loyal[1]] à nos souverains seigneurs et supérieurs de la ville de Fribourg, semblablement à leurs baillifs ou chattellains, et de procurer leur honneur et profit, éviter leur perte et dommage, d'être obéissants aux commandemens que de la part du baillif ou chattelains leurs seront faits à cause de leur charge et office, et notemment en administration de la justice, de sorte que personne, soit riche ou pauvre, n'aye à s'en plaindre, et sans respecter dons, guerdons, faveurs, haines ou autres choses qui le pourroient distraire de la sincérité de sa charge; semblablement de révéler aux dits baillifs et chattelains tous les droits à nos dits seigneurs appartenants, soient offences, lauds et autres obventions en tant qu'ils en peuvent avoir connoissance, sans fraud et cautelle, et de n'assembler le conseil de leur ville et communauté, que l'officier de nos seigneurs n'y soit appellé.[2]

Arch. de Bulle, Livre des serments p. 96.

## 81. Office et serment des bannerets.

1658.

Le banneret de Bulle jurera à main levée d'être et vouloir être féal et loyal à nos souverains seigneurs et supérieurs de la ville de Fribourg, ses princes et souverains avant tous autres, procurera leur honneur et profit, et de tout son pouvoir et entendement évitera leur déshonneur, perte et dommage; promettra aussi d'obéir entièrement à tous leurs mandements et commandements, et de même d'aider, deffendre et maintenir tous les officiers de nos dits seigneurs, les faisant forts en leurs offices, quand requis sera, et aidera à châtier tous désobéissants et rebelles.

Et ne fera par prétexte de son office aucune assemblée occulte ny manifeste, sinon toujours par le consentement du baillif et officier qui de la part de nos dits seigneurs sera ordonné dans ledit Bulle, auquel en tout et partout il doit être obéissant, et en aucune

---

[1] *Dans le texte, ce mot est écrit au crayon et entre crochets, d'une écriture moderne.*

[2] *D'après le titre du* Livre des serments, *ce serment et ceux qui suivent ont été rédigés en 1658 par François Moret, commissaire, et recopiés en 1758 par Antoine-Charles Mivroz, curial.*

chose ne sera rebelle, ains fidèle comme appartient à un homme d'honneur; et quand aux affaires de la bourgeoisie et communauté dudit Bulle qui concerneront sa charge, il devra aussi par son serment les administrer, bien faire et procurer en bonne foy, sincérité et rondeur, sans avoir égard à son profit et avantage particulier, ains procurera l'honneur, profit et avancement d'icelle et évitera sa perte, déshonneur et dommage de tout son pouvoir, et sans le sçû d'i[c]elle il ne devra aussi entreprendre aucune chose à ladite bourgeoisie contrariante et préjudiciable, ains dirigera le tout par bon avis d'icelle, en maintenant et conservant bonne police.

Il aura soins et prendra garde et inspection sur les femmes veuves et pauvres orphelins, afin qu'ils soient pourvus de tuteurs et gouverneurs au besoins et lorsqu'il sera requis.

Et généralement fera tout ce qu'appartient à un homme d'honneur digne et capable de telle charge et office.

Arch. de Bulle, Livre des serments p. 98.

## 82. Serment des métraux.

1658.

Les métraux prettent le serment d'être féaux à la ville de Fribourg, d'éviter le dommage et d'avancer le profit d'icelle, à quelle intention ils garderont et maintiendront leurs droits, révéleront les offences et bamps commis, seront fidèles gardes des bois et devins, et se trouveront prompts et obéissant à tous les commandemens que de la part de nos seigneurs leurs seront faits par les officiers sous la charge desquels ils sont. Et singulièrement, ayant charge de saisir quelques prisonnier l'exécuteront promptement, sans support ou considération de personne, ayants charge des prisonniers les traitteront ainsi que leurs sera commandé, ne permettant accès à personne soupçonnée que les pourroit informer et avoir intelligence avec eux. Quand ils nottifieront aucun gagement, devront toujours exprimer la somme et quantité, et en leurs relations desdits gagements, lévations, venditions et autres actes juridiques, attesteront réalement et en toute sincérité les affaires tellement qu'elles sont passées, sans partialité et support. Les deffences et barres ne seront nottifiées qu'au préallable l'officier ne l'aye octroyé, se contenteront du salaire accoutumé pour leurs peines, et ne surchargeront les parties de missions frustaires, et ne dilayeront et ne frustreront le droit de ceux qui poursuivent leur payement, et en un mot se comporteront, en l'exécution de leur office, ainsi qu'il appartient à gens d'honneur, qu'ils en puissent rendre compte à Dieu et à la seigneurie.

Arch. de Bulle, Livre des serments p. 101.

## 83. Serment des assesseurs et juréz des cours tant ballivales que subalternes.

1658.

Premièrement, puisque en suivant les commandemens divins et de notre sainte mère l'Eglise, un chacun est obligé d'adorer un seul Dieu et de l'honnorer et aimer parfaitement, par ainsi chaque justicier sera tenu et obligé se trouvant en des compagnies où l'on blasphèmera et jurera le saint nom de Dieu, de corriger et réprimender tel délinquant (en cas qu'il ne soit de plus haute condition que luy).

En second, chaque justicier promettra et jurera d'être bon, vray et loyal sujet de nos souverains seigneurs de Fribourg, et de procurer et avancer de tout son possible leur honneur et profit, comme aussi du seigneur baillif, et d'éviter leur perte et déshonneur, et de se rendre obéissant aux commandemens que de la part de nos dits seigneurs luy seront faits tant par le seigneur baillif qu'autres ses officiers; et notemment en l'administration de la justice, de laquelle ne se pourra absenter sans la licence et permission du seigneur baillif ou d'autres officiers auxquels il appartiendra (en son absence), si ce n'est qu'il aye cause très urgente et nescessaire pour s'en excuser suffisemment.

Pour le troisième, chaque justicier jurera de donner bon avis et conseil à tous ceux qui l'en requèreront et de porter leur parole en justice et de représenter leur droit et cause, comme si c'estoit pour son fait propre, et le tout au plus près de sa conscience.

En quatrième, estant assis en jugement, procèdera et jugera équitablement, sans passion, ny support quelconque, ains selon les droits, titres et raisons, comm'aussi des prouvages des parties, le tout au plus près de sa bonne conscience, et comme il trouvera équitable. De sorte que personne, soit riche ou pauvre, veuve ou orphelins, n'aye à s'en plaindre, et sans respecter dons, présens, faveurs, haines, rancunes ou autres choses qui le pourroient distraire de la droiture et sincérité de l'office et devoir d'un bon justicier.

Semblablement, chaque justicier sera tenu et obligé de révéler au seigneur baillif (ou en son absence à ses officiers) tous les droits à nos souverains seigneurs appartenants, tant en lauds, offences qu'autres obventions, pour autant qu'il en pourra avoir de connoissance sans fraud, ny cautelle.

Et finalement tous justicier promettra de se comporter et de s'aquitter bien et fidèlement de son devoir, et d'obeïr et obtempérer aux commandemens justes et raisonnables du seigneur baillif et de ses officiers concernant ce qui touche leur charge et office.

Arch. de Bulle, Livre des serments p. 103.

## 84. Serment du gouverneur et sindic de la bourgeoisie et communauté.[1]

1658, 1778.

Le gouverneur et sindic de la bourgeoisie et communauté de Bulle doit jurer et promettre d'observer et garder fidèlement et de tout son possible les droits de la ville et commune, et de maintenir et procurer de tout son pouvoir l'honneur et profit d'icelle, et d'éviter de tout son possible sa perte et dommage.

Il sera tenu et obligé d'exiger, rechercher, poursuivre et recouvrer tout ce qu'il sçaura et reconnoitra être et appartenir à la ville et commune, tant en censes, admodiations, bamps, obventions qu'autres droits quels qu'ils soient, et iceux réduira fidèlement par écrit, de même que tout ce qu'il délivrera au nom dedite commune, et le tout avec rondeur, probité et bonne conscience, afin d'en pouvoir rendre bon et juste compte en tems dû.

Il ne pourra et ne devra faire aucune pache, ny donner aucun tâche excédent la somme de dix florins au nom de la bourgeoisie, sans l'avis et consentement des sieurs lieutenant et banneret et du curial ou d'autres qui auront charge de ce faire de la part de la bourgeoisie, et lorsqu'il s'agira de faire quelques marchés considérables, il fera convenir les maitres en bourgeoisie pour convenir avec.

Finalement il promettra et jurera de rendre et exercer en tout et partout la charge, devoir et obligation d'un bon et fidèle gouverneur, et de s'aquitter duëment en dite charge de tout son possible, et avec sincérité et rondeur et sans user d'aucune tromperie, fraud, ny barrats.

---

[1] *Voir l'adjonction à ce serment, ci-dessous n° 162.*

Les sieurs gouverneurs en charge ainsi qu'autres charges attachées aux membres ne pourront toucher les remboursements des capitaux qu'au préalable il y ait le secrétaire du membre dont le capital en dépendra, le tout passé par connoissance en 1778.[1]

Arch. de Bulle, Livre des serments p. 107.

## 85. Serment des secrétaires ballivaux et des curiaux de justice. 1658.

Les secrétaires ballivaux et les curiaux des justices jureront d'être féaux et loyaux sujets de nos souverains seigneurs et supérieurs de la ville et république de Fribourg et de procurer de tout leur possible leur honneur et profit, et d'éviter leur perte et dommage, de ne révéler à personne les choses qui doivent être tenues secrettes, de notter et enregistrer bien soigneusement et sans délay les procédures judicielles et sentences rendues ès justices ès quelles ils seront constituéz.

Ils jureront aussi de ne rendre aucunement partiaux ny partissant en débattant ou agissant, verbalement ou par écrit, le prétendu droit d'aucunes parties plaidantes par devant eux; semblablement, de maintenir nos droits de jurisdiction comme aussi des seigneurs de la part desquels ils sont mits et constituéz en leurs charges; et principalement au regard des bamps, les annotteront et expédieront diligement les extraits d'iceux comme ils sont échus et adjugéz, à celle fin qu'ils soient exigéz de ceux qui seront constituéz pour ce fait.

Ils seront obligéz de bien et fidèlement conserver et garder les titres et droits produits par les parties plaidantes judicialement et les restituer à ceux à qui ils appartiendront, quand ils en seront requis.

Touchant les procédures qui se feront contre les criminels et prisonniers, lesdits curiaux seront aussi tenus de les réduire et rédiger par écrit, et ce en bonne forme et ordre, voire les copier et remettre aux chefs de justice afin qu'icelles copies (si besoin est) soient envoyées et présentées au souverain.

Lesdits secrétaires et curiaux seront aussi tenus de comparoitre en propre personnes ès procédures qui se feront contre les criminels,

[1] *Ce dernier alinéa est d'une écriture postérieure. Voir en outre l'adjonction de 1791, ci-dessous n⁰ 162.*

sans y envoyer des substituéz non assermentéz, ou bien ne pouvant assister ou comparoitre, envoyeront le registre des procédures précédemment faites au juge avec excuse légitime de leur absence.

De même, seront ils tenus d'assister et comparoir en propre personne en la cour ou justice pour les causes et actions civiles, ou bien y envoyer leur substituéz, moyenant ils soient capables, ou à leur défaut le registre de la cour, afin que pour tel leur défaut, les parties ne viennent se présenter en vain, et celà sous peine de leurs payer leurs journées et dépends en provenants.

Arch. de Bulle, Livre des serments p. 115.

## 86. Serment et office des mussilliers et gardes des pasquerages et biens communs.

1658.

Ils promettront et seront obligéz par leur serment d'avoir soin et garde sur les pasquerages et biens communs, que personne ne les surcharge outre la portée de la règle et ordonnance, car leur venant à nottice ou le pouvant reconnoitre, ils seront tenus d'appréhender tel bétail, et par après en faire le rapport au banneret soit au gouverneur ou à autres qu'auront charge de la commune, afin de chattier tels délinquants seront[1] l'exigence de la faute commise.

Et durant le tems d'esté, pendant que les fins sont en devins et à clos, advenant qu'il entrast quelques bêtes dans icelles, y faisant et portant dommage, et telles estant vues des meussillers ou bien iceux en estants avertis par quelques communiers, ils seront à l'instant tenus les aller appréhender et mettre dehors, ou les conduire en la place accoutumée.

Et de même ils auront diligente inspection sur les pasquerages des confins en autaumne que personne ne les surcharge outre la règle de la commune et la portée des terres qu'un chacun peut avoir dans les fins en pasquerage commun; et en cas ils reconnoitront ou apercevront de la surcharge, ils seront tenus et obligéz d'appréhender tel bétail et en faire le raport à ceux que dessus, et généralement ils exerceront leur charge et office avec telle diligence et rondeur que la commune n'aye sujet de s'en plaindre ou de les châtier pour cause de leurs négligences.

Arch. de Bulle, Livre des serments p. 118.

[1] *Sic, faute évidente de copie, pour* selon.

## 87. Serment, charge et office de forestiers et gardes des bois et joux de devins de la bourgeoisie.

1658.

Les forestiers et gardes des bois de devins de la ville et communauté de Bulle seront obligéz et tenus par leur serment d'avoir soin pour la conservation, et avec diligence requise prendront garde que l'on ne fasse du dommage et dégat dans tous les bois et joux de devins de dite bourgeoisie, pour le terme et espace d'un an, et à cet effet et intention seront tenus obligéz, en tems d'hyvers lorsque l'on charrie et emmène le bois, de s'y transporter et les parcourrir un jour de chaque semaine, et celà alternativement l'un après l'autre, à forme de l'ordre cy devant usité de toute antiquité, et advenant qu'ils trouvent quelqu'un faisant et portant dommage, taillant et couppant, chargeant ou trainant du bois qui ne luy aura esté donné et marqué par les charge ayants de la bourgeoisie, et pour lequel ne sçaura donner et rendre suffisante raison, seront tenus de le rapporter et d'en faire le récis au banneret ou soit au gouverneur de la bourgeoisie, afin de le faire chatier selon le dommage et dégat commis, et sur ce devront s'aquitter de leur charge et devoir en toute diligence et fidélité à ce requise.

Finalement en faisant leur tournée devront en allant ou en revenant passer par les Vaux dessous aux fins de prévenir et empêcher les dégats qui s'y pourroient faire.

Arch. de Bulle, Livre des serments p. 121.

## 88. Serment, office et devoir des guéz et gardes de nuit accoutuméz dans la ville de Bulle.

1658.

Ceux qui voudront exercer et desservir l'office de guéz et garde de nuit par la ville seront tenus d'observer ce que s'ensuit, scavoir est qu'ils auront les armes en main, et fairont toutes les nuits la crie des heures suivantes depuis le jour de l'Exaltation Ste Croix, 14e du mois de septembre, jusqu'au jour de l'Invention Ste Croix, troisième du mois de mai, immédiatement suivant asçavoir les neufs, dix, onze et douze heures avant la minuit, et en après éveillera son compagnon et ne rentrera dans sa maison jusqu'à ce qu'icelluy soit dehors, lequel criera une, deux et trois heures; item depuis le jour de la Tout-Saints jusqu'au jour St. Joseph, celuy qui criera depuis la minuit, criera encor les quatre heures, et seront tenus faire telles cries devant la grande église et passer auprès d'icelle afin qu'ils puissent prendre garde que personne n'attente à luy faire du dommage, et de plus crieront lesdites heures auprès du four et à l'endroit de la rue croisante au milieu de la ville, delà devant l'église Notre Dame, à costé du chateau proche du pont de la Raye, et de là sortiront de la ville jusqu'auprès du Crucifix, pour examiner s'il n'y a point de tumulte et scandale ou feu tant dans la paroisse que dehors d'icelle, et delà reviendront en baz par la grande rue, et crieront devant la maison qui fut de Jacques Sudan l'ainé, de là vis à vis de la rue croisante, et en après devant la maison du St. Esprit, et finalement auprès de la maison des Du Ryppoz; et depuis l'Invention Ste Croix jusqu'à l'Exaltation d'icelle, fairont seulement les cries suivantes dans les endroits cy devant énoncéz, sçavoir devant minuit, les dix, onze et douze heures, et en après une et deux heures, et appercevant quelque scandale ou tumulte dans les cabarets ou autres maisons, seront obligéz d'entrer dedans, et, en cas de refus, faire force, et trouvant et reconnoissant quelque chose et action méritant chatiment seront obligéz d'en faire le rapport au seigneur ballif ou à ses officiers, afin de chatier et réprimender telles insolences qu'il appercevra se commettre, tant dans les maisons que dehors par la ville; et sçachant quelques malades dans la ville devront demander s'ils les peuvent assister de quelques choses, et leurs donner quelques secours ou consolations.

Seront en outre obligéz de prendre garde tout l'esté, depuis l'une des saintes Croix à l'autre, de la disposition du tems, afin de sonner au besoin avec toutes diligence les cloches, comme aussi au printems pour cause des gelées et tout celà tant de nuit que de jour.

Sonneront aussi les cloches pour toutes les processions, tant cy devant accoutumées que pour toutes autres qui surviendront.

Et pour conclusion, s'aquitteront si bien de leur charge et devoir, en tous les points cy devant énoncéz, que l'on aye cause ny sujet de les réprimender pour leur manquement, défauts et négligence.

Et advenant le cas de quelque urgente nescessité qu'ils ne pourroient eux mêmes en personne faire la fonction de leur charge, ils la devront faire exercer à un homme qui aye pretté le serment de fidélité à la bourgeoisie, et à aucune autre personne.

Arch. de Bulle, Livre des serments p. 124; idem, M. B. vol. III, litt. A du répertoire (copie incomplète, comportant quelques variantes de texte).

## 89. Serment des tuteurs, gouverneurs et curateurs des pupils, femmes veuves et enfans orphelins.

1658.

Celuy qui sera établit et connu par la justice tuteur et gouverneur de quelques pupils, veuves ou enfans orphelins prettera serment de procurer de tout son possible le bien et l'honneur de celuy ou ceux qui luy seront commis et donnéz en charge, et d'éviter leur déshonneur, perte et dommage, de poursuivre et rechercher tous les biens d'iceux soient en or, argent, obligations, meubles ou autre chose quelconque, et de les maintenir, régir et administrer comme les siens propres, voire encore mieux s'il luy est possible, et à cette fin il dressera et réduira par écrit un compte et annottation de toutes les reçues, comme aussi des livrances qu'il fera au nom de telle charge, et le tout formèlement et par bon ordre afin qu'au bout de l'année, ou toutes fois quand il en sera requis, il puisse rendre par devant l'honnorable justice, ou ailleurs devant les parents des pupils, bon et fidèle compte de sa négociation, lequel estant ouït, bien examiné et jugé passable et admettable il en puisse sur ce obtenir bonne décharge et absolue quittance et libération; et généralement il faira et exercera le tout en fidélité et rondeur, au plus grand bien, honneur, utilité et avancement d'iceux, en empêchant et évitant de tout son pouvoir leur déshonneur, perte et dommage et tout préjudice d'iceux.

Arch. de Bulle, Livre des serments p. 129.

## 90. Serment qui se doit intimer à tous ceux qui sont par droits et justices somméz et admis à devoir rendre et pretter formel témoignage.

1658.

Toutte personne qui sera admise et connue en droit à devoir rendre et porter témoignage de vérité, pour quelque personne que ce soit, icelle après avoir au long entendu les propositions, interrogats et contr'interrogats des parties contestantes, soutiendra et déclarera la pure, nayve et entière vérité de tout ce qui sera de sa propre science et connoissance de ce que luy aura esté proposé, et du fait dont est survenue conteste et dispute, et de ne rien laisser ny omettre pour obscurcir ou suprimer la vérité en parlant ou déposant plus ou moins, qui puisse redonder ou réussir au désavantage de celuy qui a droit et raison, et sans être esmeus par amour ou crainte et sans respecter pauvre, ny riche, dons, guerdons, faveurs, haines, ny rancunes, ny autre chose qui le pourroit distraire d'un sincère et fidèle témoignage et déclaration de pure et nayve vérité, et sans user ny se servir d'aucun dol, fraude, tromperie, ny fausseté, ainsi comme sur ce il prie que Dieu notre créateur, la sacrée Vierge Marie et toute la cour céleste luy soient en aide, secours et confort à quoy faire Dieu luy fasse et donne la grace, amen.

Arch. de Bulle, Livre des serments p. 132.

## 91. Serment d'un hospitallier, recteur et administrateur des biens du dévot et charitable hospital de la ville de Bulle. 1658.

L'hospitallier et charge ayant des biens du dévot et pitoyable hospital et maison Dieu et des pauvres de cette ville jurera et promettra d'observer et garder fidèlement et de tout son possible tous les biens et droits dudit charitable hospital et de maintenir, conserver, procurer l'honneur, profit et avancement d'icelluy, et d'éviter avec exactitude sa perte, dommage et désavantage.

Il sera sur ce tenu, pour le terme d'une année, de sollicitter, rocouvrer et rechercher à forme du rentier qui luy sera mit en mains, comme par autres titres et document, toutes censes, lauds et autres obventions, droits et revenus quelconques, lesquels il sçaura et reconnoitra être et appartenir audit hospital, et iceux réduira fidèlement par écrit, et de même toutes les sommes qu'il délivrera au nom d'icelluy, le tout en fidélité, rondeur et bonne conscience, afin d'en rendre et donner à la fin de l'année par devant l'honnorable justice un bon, loyal et fidèle compte.

Il ne devra faire aucune pache, transact, ny contract en qualité prédite qu'il n'aye eu et reçu l'avis et consentement des sieurs lieutenant, banneret, curial et honnorable justice, à la surintendance et inspection desquels il devra le tout exercer et diriger, et s'aquittera duement en tout ce qui touche, dépend et concerne ladite charge et office de tout son possible avec fidélité, rondeur et bonne conscience et sans aucune tromperie, fraud ny cautelle.[1]

Arch. de Bulle, Livre des serments p. 134.

## 92. Serment du saultier et métral de la ville de Bulle.

1658.

Celuy qui sera établit saultier et métral de la ville de Bulle prettera serment d'être féal à la dite ville et communauté, d'éviter de tout son pouvoir sa perte et dommage, et de rechercher avec soin le profit et avancement d'icelle, à quelle intention il gardera et observera fidèlement tous les droits de la bourgeoisie, révèlera à qui convient les offences et bams commis et à luy connus, et se trouvera et rendra prompt et obéissant à tous les commandements qui luy seront faits, tant de la part des sieurs lieutenant, banneret et gouverneur, comme d'autres charge ayant de dite ville et communauté, pour ce qui concerne sa charge et office; et toutes fois et quantes il sera requis et interpellé, tant par le gouverneur de bourgeoisie que par l'hospittallier, recteur de la dévote confrairie du St. Esprit et autres membres de bourgeoisie, il sera tenu et obligé de les assister au recouvrement et perception de leurs censes et rentes dépendantes de leurs charges, et de faire les gagemens et autres exploits de droits, jusqu'à parentière satisfaction et perception d'icelles; et sur ce il retirera son salaire suivant la coutume auprès d'iceux; et finalement, il se comportera et aquittera en sa charge et office comme il convient et appartient à un homme d'honneur capable de tel office, afin que l'on aye cause légitime de le démettre de sa charge, pour sa nonchallance, paresse et indiscrétion.

Arch. de Bulle, Livre des serments p. 143.

## 93. Office et serment des marqueurs de bois.

1658.

Ceux qui par connoissance de la noble bourgeoisie seront ordonnéz et établits pour marquer les bois à bâtir dans les joux et devins, pretteront serment de ne marquer dans les dites joux et devins aucun bois que ce soit qu'au préallable il ne soit assuré, voire même averti, par les charge ayants de la bourgeoisie que tel bois aye esté

[1] *Voir ci-dessous, n° 163, l'adjonction de 1791 à ce serment.*

octroyé et ordonné à celuy qui le demande, ou par lesdits charge ayants ou par connoisance de ladite bourgeoisie; et ne pourra et ne devra marquer plus grand nombre de plantes que le contenu de ce qu'aura esté ordonné, et le tout au moins de dommage que faire se pourra; et seront tenus de réduire par écrit toutes les plantes qu'ils marqueront, afin qu'on puisse reconnoitre si on les a appliquées aux batimens pour lesquels elles ont estéz ordonnées; et de même avant que de marquer les bois ordonnéz, ou bien à même temps qu'ils l'auront marqué, ils seront tenus de recouvrer et retirer de chaque personne la somme et argent qu'il convient de satisfaire pour chaque plante, au profit de la ville, quel argent ils rendront fidèlement et annuellement dans la main de chaque gouverneur de la bourgeoisie, et exerceront le tout en bonne conscience, en évitant de leur pouvoir le dommage, perte et dégat des bois et joux de la bourgeoisie, et celà pour le terme et espace de trois ans consécutifs.

Arch. de Bulle, Livre des serments p. 146.

## 94. Garde des porcs.

1659 III 14.

Item cogneu de ne garder beste à groing que dempuis my avril jusques à la St Denys, qui serat permis par chasque mayson de charger qu'une seulement à mettre soubz la garde d'un gardien pendant prédit terme, à payer le gardien un chescung qui en chargerat, et que ceulx qui en vouldront garder avant my avry aye à les charger sur ses biens et non sur les commungs, à dobvoir chasque beste mise sur les commungs estre encroussettée, scavoir la crousse avoir dessus un pied de longeur dessus ce demy pied de chasque part; les contrevenants soubz cinq batz d'offence, la moitié parvenables aux mussilliers.

Arch. de Bulle, M. B. vol. I (non paginé).

## 95. Location aux étrangers.

1689 XII 6.

Item cogneu qu'il ne serat permis à aulcung de Bulloz de louer mayson à un estrangier soubz le bamp de la ville que préalablement il n'aye permission de la Bourgeoisie, ainsy le contrevenant serat chastié du prédit bamps, e[t] ne voulant obtempérer serat privé du bien commung.

Arch. de Bulle, M. B. vol. I (non paginé).

### 96. Nombre de jurés.

1690 I 16.

Item ledit 16 janvier 1690 ladite Bourgeoisie a cogneu concordablement pour l'advenir que le nombre de l'honnorable justice serat de douze jurés tant seulement, y compris le banderet[1], de laquelle il estoit desjaz du nombre de ladite justice.

Arch. de Bulle, M. B. vol. I (non paginé).

### 97. Amodiation du poids.

1690 VI 11.

Le ii juin 1690, l'honnorable commune a concédé le poid de la ville en louuage pour trois ans à Joseph Garrin pour le prix que les années passées par le vieulx ordre.[2]

Arch. de Bulle, M. B. vol. I (non paginé).

### 98. Auberges.

1690 X 8.

Ledit 8 d'octobre 1690, l'honnorable Bourgeoisie a cogneu que tous hostes vendantz vin sont obligés de le vendre à quel qu'il soit qui y viendrat pour en avoir, au prix que leurs a esté umbgueIté, à moings de cloure leur taverne et ne jamais revenir pour avoir licence de vendre vin.

Arch. de Bulle, M. B. vol. I (non paginé).

### 99. Marchands.

1691 IV 1[3].

Le S$^{r}$ Claude Pasquier, marchand, et ses adjoinctz de Bulloz, ayantz faictz officiellement à deffendre aux marchands y habitants qui ne sont de Bulloz qu'iceulx n'ayent à vendre que sur les jours du jeudy et les foyres de Bulloz tant seulement ensuitte d'un mandat souverain

---

[1] *En marge:* S$^{r}$ Claude Michel.

[2] *Ajouté d'une autre encre:* vide foi datté du 20 may 1663.

[3] *Cette décision est protocolée entre le 24 juin et le 15 juillet. En marge:* icy rangée nonobstante soit d'antérieure datte aux précédentes.

obtenu en aoust 1689 à l'insceu et sans avoir interpellé l'honnorable Bourgeoisie, icelle ensuitte que de toute antiquité tous marchands, subjects de Leurs Excellences ont esté libres de vendre dans ledict Bulloz sur un chescung jour de la sepmaine sans aulcung empeschement, l'honnorable Bourgeoisie a cogneu d'estre maintenue à conformité desdictes usances de mémoire d'homme jusques à présent observées que tous marchands rées subjects de Leurs Excellences puissent vendre sur chasque jour de la sepmaine, réservés les dimanches et festes, moyennant pour ce le bon playsir de nos souverains seigneurs. Et d'aultant ledict mandant souverain obtenu par des informations à playsir sans interpeller ladicte Bourgeoisie, ledict Pasquier et ses adjoincts ne se voulants ainsy soy ranger, iceulx ayant à la citer par devant Leurs Excellences pour icelle apporter ses raysons, faict le premier d'avril 1691. Icy rangée nonobstant soit d'antérieure datte aux précédentes.[1]

Arch. de Bulle, M. B. vol. I (non paginé).

## 100. Etrangers.

1691 VI 24.

Le 24 juin 1691, l'honnorable Bourgeoisie de Bulloz estant généralement assemblée pour le subjet de la résidence des forains qui font et qui viennent fayre dans et riesre ledict Bulloz, en conservation des droicts et privilèges d'icelle et en évitation du préjudice que telles habitations des forains causent, prédicte Bourgeoisie a cogneu que d'ores en avant n'est permis à aulcung forain et non bourgeois à y habiter et y fayre résidence; ensuite de quoy a esté par icelle cogneu que prédicts forains habitans ayant desjas promptement à en sortir à la réserve de ceulx qu'ont avancé le payement de leur souffète, qui seront tolérés jusques ils en ayent achevé leur terme, au bout duquel infailliblement en debveront sortir dudict Bulloz. Suivant quoy l'officier de ville fayrat publication en la place du lieu accoustumé que nul forain ny personne à leurs noms n'aye à achepter et bastir ny restaurer des maysons dans et riesre ledict Bulloz, soubz espérance et prétexte d'y fayre résidence. Suivamment, susdict officier de ville notifierat aux habitants qu'ont desjas payé en avance la souffète de l'an courant qu'ils ayent à en sortir au bout

[1] *Cette décision a été rapportée le 23 septembre 1691, ensuite de l'ordonnance de Fribourg du 10 septembre 1691.* Arch. de Bulle, M. B. vol. I.

de leur terme expiré, et aux aultres qui ne l'ont encour satisfaict, qu'ils ayent à en sortir et s'en aller promptement sans aulcune resource et sans aulcunement prétendre d'y retourner pour y habiter. En effétuation de tout quoy aussy cogneu par la Bourgeoisie que le Sr Banderet n'aye aulcunement à donner l'entrée par devant icelle pour la résidence dans ny riesre ledict Bulloz, le tout en conservation des droicts et privilèges de prédicte Bourgeoisie.

Arch. de Bulle, M. B. vol. I (non paginé).

## 101. Four communal.

1691 XII 16.

Le 16 décembre 1691, l'honnorable Bourgeoisie assemblée a cogneu que ceulx qui n'ont des fours de cuirre leur pain qu'au four de la Bourgeoisie, autant que les fourniers se rangent et comportent par le vieulx ordre.

Arch. de Bulle, M. B. vol. I (non paginé).

## 102. Devoirs des mussilliers.

1692 V 18.

Item cogneu que les mussilliers doibvent fayre leur debvoir à visiter les soyps et prendre les bestes sur les fins, après qu'ils seront advertis ne faysants leur debvoir seront chastiés du bamp de la ville par le banderet, lieutenant, gouverneur et charge-ayants.

Arch. de Bulle, M. B. vol. I (non paginé).

## 103. Foires.

1692 V 18.

Item cogneu que chascung despuis l'hoste du Hault ne doibvent fayre tèches et fumiers affin de n'empêcher la place des foyres et marchés, soubs le bamp de la ville, les contrevenants après qu'ils en seront advertis, aussy ne fayre tèches au grand raing pour empêcher de porter la procession.

Item qu'il ne serat permis a ceulx de Bulloz de vendre bestes hors de Bulloz en détail, sinon en gros, ormis pour les festes de Noël, Pasque, Penthecoste, la Tous Sainct et la Dédicasse, soubz le bamp de la ville, sans le vouloir du boucher.

Arch. de Bulle, M. B. vol. I (non paginé).

## 104. Voirie.

1692 VII 13.

Item cogneu de laisser l'eau de la ville par la rigolle où les destairs tombent, et qu'on ne fasse un lac devant chez soy avant[?] de nettoyer unchescung devant chez soy.

Arch. de Bulle, M. B. vol. I (non paginé).

## 105. Réceptions bourgeoisiales.

1692 XI 21.

Les honnorables commis de la noble et honnorable bourgeoisie de Bulloz *présentent une requête à Fribourg, disant:* ... Il est constant que suivant | leurz lettres confirmées l'an mille six cent et un, ilz ont les droicts d'associés à leur bourgeoizie tous et unchacuns de voz subjectz, sans permission de vos Excellences, ni de leurs seigneurs ballifz, et sans que pour ceste réception voz Excellences ou leurs seigneur ballifz | en perçoivent un sol. Il est constant qu'avant et depuis qu'ils ont l'honneur d'estre soubz vostre domination, ilz ont tousjours retiré les argentz de souffertez des habitantz non communierz, sans la permission ni participation des seigneurs ballifz, et que ç'a esté dans leurs pouvoirs d'agréer ou congédier lesdits habitantz, comme ilz ont faict en divers rencontre ...

*Fribourg confirme ce privilège de Bulle, et* ... les bourgeois pourront remettre leurs droictz de | bourgeoizie à leur fermier en cas l'admodiation alle au prix de trente escus, entendu touttesfoy que tels fermiers ou admodiataires ne pourront jouir du privilège de vendre des marchandisses, ains seullement les danrées qui croissent sur leurs fontz admodiés | et aultres comme dais paysans ...

*Original:* parch. 62/35 cm.; Arch. de Bulle E n° 3, tiroir D n° 22.
*Sceau:* de Fribourg, rond 42 mm., cire verte, pendant dans une boîte à 4 rubans de soie (2 noirs et 2 bleus). Légende: + SIGNV. COMVNITATIS. FRIBVRGI.

## 106. Location et ventes aux étrangers.

1692 XI 30.

Item ladite commune en nombre 91 personnes at cogneu qu'aulcuncs bourgeois de Bulloz n'aye à louer aulcune mayson à un estrangier et non bourgeois de Bulloz soubz le bamp de la ville en premier, sécutivement soubz le bamp de cinquante florins, suivamment de cent florins, finallement d'estre privé du bien commung, ce qu'estant notifié à tel contrevenant ne voulant acquiescir il serat chastié comme dict est des bamps cy-dessus spécifiés, et ceste cognoissance faicte par ladicte bourgeoisie à conformité des vieilles anciennes usances. Ensuitte de quoy aussy cogneu qu'aulcung bourgeois ne puisse vendre mayson existantes dans Bulloz à un estrangier sans le consentement dedicte bourgeoisie, conformément soubz les bamps cy-dessus spécifiés.

Ensuitte desquelles cognoissance a esté ensuitte cogneu par dicte bourgeoisie que les estrangiers habitans dans Bulloz non comprins dans la sentence souveraine cy-devant obtenue ayent à sortir infailliblement dans le terme de quatre sepmaine précisément, ce que serat notifié aux propriétaires et locateurs de telles maysons.[1]

Arch. de Bulle M. B. vol. I (non paginé).

## 107. Extraits du manual.

1693 V 31.

Item cogneu que le curial de Bulloz ne doibve donner copie des cognoissances passées par la commune sans le préalable vouloir du lieutenant, banderet et gouverneur.

Arch. de Bulle, M. B. vol. I (non paginé).

## 108. Contrôle du pain.

1694 IX 12, X 17.

Item cogneu d'establir deux hommes pour regarder les pains qui se vendent s'il est suffisamment gros ensuitte du prix que le froment se vend. Pour ce, sont esté establis le lieutenant Tentheray et le mestral Antoine Mora.

. . . . . .

Le 17 d'octobre 1694, l'honnorable Bourgeoisie assemblée a cogneu que le pain de froment coustant 17 florins la couppe doibt estre vendu un batz par libvre, et l'aultre pain de moitié bled à proportion, et le pain de froment d'un batz doibt peser une libvre et l'aultre à proportion qu'il compte.

Arch. de Bulle, M. B. vol. I (non paginé).

---

[1] *En marge:* le 14 9bre 1694 les cy mentionnées cognoissances confirmées par la commune.

## 109. Nomination du banneret.

1704 IX 28.

Du jour que devant, Monsieur Antoine-François du Pasquier, banneret de Bulloz, a proposé au très honoré seigneur ballif et à ladite honorable Bourgeoisie, ayant lever parlier, où il a proposé que le terme de trois ans de banneret sont expirés, mesme il a produict son institution qu'at estée lue et a dit que son terme de trois ans estoit expiréz; ensuitte le seigneur ballif a dit que c'estoit dont[1] le temps d'en establir à forme de l'ordre; quelcuns des bourgeois a dit de cognoistre[2] de reconfirmer le mesme ou le licenser suyvant les vieux ordres et coutumes acoutumée, et sur ce l'on at demandé cognoissance touchant ledit congé.

L'honorable Justice[3] ayant donné leurs sufrage, ledit seigneur ballif n'at pas voulu entendre plus outre et s'est levé en défaut q'on s'opposait à cela.

Ce que la Bourgeoisie ayant entendu, elle a cogneu et establis pour aller enformer le souverain de ce faict les seigneurs banneret du Pasquier et du Rippoz, et si le seigneur ballif faisoit citer ladite Bourgeoisie par devant iceux, sont établis le banneret Pasquier de Saucens et du Rippoz.

Arch. de Bulle, M. B. vol. I (non paginé).

## 110. Fravail.

1705 II 1.

Le jour, an, que dessus l'honorable Bourgoissie assemblée, elle at cogneu que celuy qui se trouverat estre délinquant d'avoir reculier du bois vers et sus la Joserette rière Bulloz, tant avec cheval que lugettes, seront pour le banc de la ville irémisible.

Arch. de Bulle, M. B. vol. I (non paginé).

## 111. Police du feu.

1706 V 16.

Du jour que devant at esté cogneu que personne n'aye à aller par la ville avec chandelles sans lenternes et porter du feu que ne

---

[1] *Sic, pour* donc.

[2] *Ce mot est répété par erreur.*

[3] *Ce doit être une erreur du secrétaire, car il s'agit ici d'une assemblée de la* Bourgeoisie, *et non d'une séance de la* Justice.

soit dans un vas[e] assuré, et de n'aller par les membres des maisons avec du feu sans lenterne; et soy trouvant des contrevenants seront pour la première foy pour le banc de la ville, la seconde le double, la troisiesme citer en Bourgeoisie, et tout homme de serement sera à croire.

Arch. de Bulle, M. B. vol. II fol. 28 v.

## 112. Précis (fonctions du bailli).

vers 1710.

Le jour de S^t Hilaire, dans le mois de janvier, il faut assembler la comune, repasser la conduite de chaque justicier, et, s'il en manque, les remplacer; dans ce cas le ballif présente un sujet et la justice un autre, et la commune choisit. Chaque absent de ditte assemblée peut être amendé par le ballif de dix florins.

La même chose s'observe à Riaz, où le ballif doit se rendre pour réintégrer la justice; le ballif n'y préside pas, parce que les appellations d'icelle vienent par devant lui, mais son lieutenant y tient le bâton, et la comune est obligée de donner au dit seigneur ballif et à la personne qui l'accompagne un gouté, ou le deffrayé.

La justice d'Albeuve se complette elle-même le dimanche avant le premier de may; le ballif n'y préside pas parce que les apellations d'icelle vienent par devant lui.

En cas d'apel de Riaz ou d'Albeuve, le ballif se choisit quatre justiciers de Bulle, qui assistent à l'audience come assesseurs ayant voix consultatives; si l'avis d'iceux n'est pas celui du ballif, son opinion prévaut et fait la sentence.

Les audiences se tienent ordinairement au château, ou dans tel endroit qu'il plait au seigneur ballif. Dans les audiences à l'ordinaire, les parties payent 12 batz 2 sols, à l'extraordinaire 21 batz, dont le ballif retire 10 sols, le restant se partage avec les assesseurs[1].

Les apellations de Bulle et la Roche se suivent imédiatement par devant la chambre d'apellation à Fribourg.

Dans de certains cas d'assemblées de justice, le ballif perçoit à Bulle et à Riaz 25 batz, mais jamais rien à la Roche et Albeuve.

Le ballif sera vigillant sur la recette et dépenses des comunes, et aux comptes, s'il ne peut assister à leurs redition, on doit les lui

[1] *Ces chiffres sont donnés par le texte allemand: ils sont en blanc dans le texte français.*

présenter afin qu'il puisse les examiner et voire s'il n'y a pas des dépenses inutiles.

Le banneret de Bulle ne peut assembler la comune sans permission du seigneur ballif, et celui-ci doit toujours lui en indiquer le motif, le ballif étant maître d'y assister quand bon lui semble.

. . .

Le ballif assermente les forestiers qui percoivent leur part des amendes encourues par fravails faits dans les deux bois.

Le ballif perçoit aussi à Bulle l'argent d'audience et de clame, s'il ne veut les laisser à son lieutenant.

Aucun exploit ne doit être produit en justice sans être scellé, et le ballif perçoit 5 sols pour chaque seau.

Quand les sujets Bernois paraissent à l'audience, le ballif perçoit 4 sols d'argent d'audience, parce que nos resortissants paye cela chez eux, et en cela la réciprocité a lieu.

Il est deffendu à touts sujets de paraître par devant LL. EE. sans que la requette soit scelée, sous paine de prison. N. B. Il est à remarquer que le ballif dans certains cas scèle la requette, la tire dans d'autres, ou dans d'autres cas écrit au bas de ditte requette ses raisons, et il est le maître de les laisser ignorer au porteur en l'envoyant directement à LL. EE. avec une lettre cachetée; cela arive principalement dans le cas où l'on présente une requette faisant contre le ballif ou d'autres persones notables.

Quand le ballif est présent, c'est toujours lui qui donne audience; à son absence son lieutenant, à l'absence du lieutenant le premier officier, à l'absence de celui-ci le second, mais jamais on s'adresse au banneret à cet effet, et la justice ne doit jamais s'assembler sans la permission du ballif, et elle doit toujours être précidée par lui, son lieutenant ou les officiers. Le ballif doit toujours conaître les raisons pour quoi elle s'assemble, si même ce ne seroit que pour la nomination d'un tuteur ou redition de ses compttes, malgré que ceux de Bulle prétendent le contraire, car le ballif ayant prêté serment de protéger la veuve et l'orphelin, il ne doit pas se désister de son autorité.

Arch. d'Etat, Fribourg, Livre du château de Bulle, au début (en français) et p. 17 (en allemand).

Ce texte semble être un aide-mémoire du bailli plutôt qu'un document officiel.

## 113. Exclusion des prébendaires de l'assemblée bourgeoisiale.

1710 II 20.

Le moderne seigneur ballif de Bulle ayant cejourd'huy re-|présenté à Leurs Excellences du Conseil privé, que la noble et[1] honorable | bourgeoisies ayant en leurs assemblés[2] fait passer | un plus, que ceuxs, quis tiroint quelques choses du | charitable hopistal dudit lieux et d'autres fondations, | aussi bien ceuxs quis resoivent des revestements non légés, | ne doivent point avoir de voix en leurs assemblées, | laissant à Leurs dittes Excellences de trouver bon et approver | le dit plus, ou d'ordonner suivant qu'il serat de leur | bon vouloir et plaisir, mes souverains seigneurs et supérieurs | ont, aprais réflection faitte sur l'exposé cy dessus, | approuvé et ratifié le plus passé en la presditte | honorable bourgeoisies, néantmoins avec cette réserve | et condition que cesy ne préjudicierat en rien des | droit du bien comun, qu'il sont rière ledit Bulle, | ny que la chose doive regarder les enfans | d'yceux pour estre exclu de telle assemblée et ne | donner leur voit en icelle, comme d'autres, s'ils | n'ont eu en propre les charités et revestement, | comme sus est dit. Faict ce 20e février 1710. Vice secrétaire de Frybourg.

*Original:* papier, double feuillet 20/32,5 cm.; Arch. de Bulle A nº 30 (acte non scellé). *Copie:* papier, double feuillet 23/33,5 cm.; Arch. de Bulle, même cote.

## 114. Droit de vote des interdits et domestiques.

1710 III 10.

Du dit jour, cogneu que ceux qui sont soubz tutelle et qui n'ont presté le serement de bourgeois ne peuvent avoir leurs suffrages en dicte Bourgeoisie comme aussy ceux qui ne sont maistre de maison.

Arch. de Bulle, M. B. vol. II (non paginé).

## 115. Communage.

1710 XII 31.

Dudit jour, reconfirmé une vielle cognoissance que tous ceux qui ne font qu'un feu, pain et farine n'auront qu'un communage.[3]

Arch. de Bulle, M. B. vol. II (non paginé).

---

[1] *Ces trois derniers mots sont écrits au dessus de la ligne.*

[2] *Le 31 décembre 1709, et, postérieurement à l'ordonnance ci-dessus, le 6 avril 1710.* Arch. de Bulle, M. B. vol. II (non paginé).

[3] *La même décision a été prise le 19 mai 1715.* Arch. de Bulle, M. B. vol. II (non paginé).

## 116. Votes des assemblées de Bourgeoisie.

1712 I 3.

Plus cognu que les S[rs] bourgeois dans les assemblées s'assiéront, garderont le silence, et le sindic et le saultier ramasseront les voix avec les paters.

Arch. de Bulle, M. B. vol. II (non paginé).

## 117. Serment des bourgeois.

1718 I 23.

Plus, connu en confirmation et réitération des anciens status de bourgeoisie que le serment serat observé dans tout son contenu tels et quel nos ancestres l'ont observé, scavoir que dans les devins il ne sera permis par serment d'y couper aucun bois, ny vert, ny sec, sans qui luy soit préalablement ordonné et démarqué, sur ban dernièrement fixé à la somme de dix escus et d'estre réputé comme réfractaire infamme, et tous ceux qui ont refusé de faire ledit serment seront cité pour dimanche prochain pour se voir condamné à l'offense et à prester ledit serment, et ceux qui ont esté aux joux sans serment seront de mesme cité pour estre chatié selon leur démérite.

Arch. de Bulle, M. B. vol. II (non paginé).

## 118. Conseilleur.

1718 XII 31.

Ensuite de quoy les sieur Joseph Gex et Claude Gex ont esté nommé concourant pour la charge de conseilleur, sous peine des bans ordinaires au cas de refus de subir ladite charge.

Claude Gex a esté nommé conseilleur pour l'espace d'une année pour ensuite l'année suivante subir la charge de sindic[1].

Arch. de Bulle, M. B. vol. II (non paginé).

## 119. Règlement de la boucherie.

1729 VI 12.

Premièrement, a esté ordonné que le bouché | devra mettre toutes les bovines qu'il tuera en | quatre quartiers et servira le premier

[1] *C'est la première mention de la fonction de* conseilleur, *soit de* vice-gouverneur, *avec droit de succéder au gouverneur en charge.*

le seigneur | ballif, messieurs du vénérable clergé et les | révérends pères capucins et de suite comme a | esté cy devant pratiqué; mais afin que les | uns n'ayent pas toute la meilleure viande et les | derniers le rebut, il devra couper la viande | en maître bouché sans défigurer les pièces, et | dans le mesme quartier tout de suite pour la | mesme personne, sans éfleurer la viand en plus | d'une pièce pour la mesme personne, comme | cela se pratique partout sans acception de personnes.

[2] Et afin que le bouché puisse tenir et soutenir | une d'autant plus belle et bonne boucherie, la | viande luy sera taxée par deux taxeurs nommés | par l'honnorable bourgeoisie toutes les semaines | à ses frais et dépenses.

[3] Le bouché devra de son costé bien prendre | garde de ne rebuter point les bourgeois | ny autres personnes, afin d'attirer le monde | et de soutenir ainsi de son costé la dite boucherie | et de ne donner aucune occasion de mécontente-|ment.

[4] Moyennant quelles conditions bien observées | tous les bourgeois seront tenus prendre | la viande dans la boucherie de Bulle | aussi pour la maintenir et soutenir les | droits et admodiations de l'honnorable | bourgeoisie.

[5] A esté de plus conditionné que les tremis | devront se donner et peser sans témoins, | et si contre le présent règlement quelque | bourgeois apporte et va chercher et achetter | de la viande dans une boucherie estran-|gère, il sera escheut au ban de la ville.

Passé en assemblée générale de la noble | et honnorable bourgeoisie de Bulle, le | douzième juin mil sept cens vint neuf.

J. Geinoz.

*Original:* papier, double feuillet 21/33,5 cm.; Arch. de Bulle, sans cote.

## 120. Règlements divers.

1729 VII 12, IX 21.

Règlements faits par la noble et honnorable bourgeoisie de Bulle pour certains articles des charges des communs et pour les joux.

Premièrement, a esté réglé pour les eschanges des juments, pour la charge des communes, que chaque eschange payera cinquante batz, à l'exception et réserve que le sieur banneret pour donner l'entrée en bourgeoisie pour les eschanges, pour bestes meschentes, vitieuses et pour les poulins de deux ans tant seulement.

Il a de mesme esté réglé par un plus général que tous les bourgeois impotents et autres qui par nécessités indispensables et raisons légitimes seront obligés de se mettre en pension, ils auront également quarante batz, leur jardin et bon an, pour toutes prétentions de leur communages.

Il a de mesme esté réglé en faveur des prébandaires, qu'il pourront charger Bouleyres sans préjudice de leur communage.

Status et règlement pour les joux.

Premièrement. La noble et honnorable bourgeoisie a par un plus général fermé les joux de la montagne de Ratwel et réservé les bois d'ycelles pour le maintient des bastiments dedite montagne et pour prévenir à d'autres pressants besoins de la bourgeoisie.

Plus généralement toutes les joux de la bourgeoisie sont pour toujours fermées pour les chariots grands et petits, depuis la fin du mois de février, jusques au mois de décembre suivant.

Et d'autant, les bourgeois ont estés ce jourd'huy deschargé du serment a eux intimé pour le coupage et que désormais il n'y aura plus de serment pour les joux a esté trouvé bon et nécessaire de poser un ban d'autant plus haut pour contenir les mal-intentionnés pourquoy a esté statué que tous bourgeois qui sera trouvé et convincu avoir coupé du bois vert dans les joux mises en devin, seront eschuts au ban de dix escus petits le jour et le double la nuit, et tels transgresseurs seront privé pour deux ans du bien commun pour une année.

Le sieur gouverneur ou un marquare devront annuellement, sur la fin du mois de septembre, faire la tournée des Joux Devant, pour prendre connoissance des bois coupés et ovailler pour les déclarer en bourgeoisie, laquelle en ordonnera à son plus grand profit et comme mieux le jugera à propos.

Tous les bois sus dans les joux en devin sont aussi deffendu couper, sous le ban de trois escus petits et vint gros le jour, et le double la nuit, et privation *[fol. 2]* d'une année du bien commun: et cela d'autant plus que l'honnorable bourgeoisie réserve tels bois secs qui seront propre pour son service pour prévenir aux besoins journaliers, et pour du reste en donner des billets, premièrement aux bourgeois qui n'ont point de chevaux, et du reste à la généralité si l'honnorable bourgeoisie juge qu'il en ait de reste[1] pour ce en suffisance.

Le tout ainsi passé en assemblée générale de bourgeoisie pour status et règle pour l'advenir, ce douzième juillet, mil sept cens vint-neuf. J. Geinoz.

Du 21e 7bre 1729, la noble et honnorable bourgeoisie a ordonné la moitié des bans pécuniaires aux rapporteurs et permis de ramasser les bois bas dans les devins[2].

*Original:* papier, double feuillet 21,5/33,5 cm.; Arch. de Bulle, sans cote.

## 121. Renouvellements de droit de bourgeoisie.

1732 IX 21; 1733 III 19; 1767 IV 12; 1780 III 14.

Par devant la noble et honnorable bourgeoisie de Bulle généralement commandée et assem- | blée en la maison de ville du lieu s'est personnellement présenté le sieur Antoine fils de feu François Paquier de Maules avec son fils | François Joseph Paquier pour renouveller et reconnoitre sa bourgeoisie dudit Bulle, pour quel effect il a produit l'extrait de son baptistaire | par lequel il vérifie estre fils légitime dudit François Paquier, comme aussi les lettres de partage dattées du 28e 9bre 1659 signé Jean Glasson, | d'estre ledit François son père, et Jaques, Pierre, Antoine et Claude ses frères, tous fils d'André Paquier qui estoit bourgeois dudit Bulle, par lesquelles | il appert que les uns desdits frères ont receu leur portion de biens en terres rière Bulle comme bourgeois et que ledit François père de l'instant | a tiré et receu sa part de biens rière Maules, sous réserve de six pieds de terrain sur les biens rière Bulle pour marque de sa bourgeoisie audit | Bulle, à quoy ladite noble et honnorable bourgeoisie ayant fait attention et remarqué que ledit Antoine Paquier prouve formellement par | ledit partage que François Paquier son père estoit véritablement bourgeois de Bulle, à ces causes elle l'a reconnu et reconnoit par les | présentes pour luy et les siens pour estre bourgeois et communier de Bulle sous les mêmes droits et privilèges que les autres bourgeois de | Bulle, à condition que lorsque le dit Antoine Paquier ou les siens voudront jouir des dits droits et privi-

[1] *Ces deux mots, écrits en surcharge, sont douteux.*

[2] *Cette adjonction est d'une écriture postérieure.*

lèges, supporteront aussi les charges | et feront les devoirs de bourgeois comme les autres dits bourgeois; et cette présente reconnoissance de bourgeoisie de Bulle a esté accordée | au dit Antoine Paquier et aux siens moyennant la somme de vint cinq escus petits que ledit Antoine a promis payer à ladite noble bourgeoisie | notamment le tier comptant et les autres deux tiers lorsque luy ou les siens voudront jouir du communage et privilèges de leur dite bour-|geoisie de Bulle; toutesfois at esté expressément dit et réservé que ledit Antoine Paquier ou les siens ne venants à jouir dedite bourgeoisie ou qu'ils | ne la renouvellent et raffraichissent d'icy à trente ans, ils devront ensuitte, s'ils en veulent profiter, derechef se faire reconnoitre comme ils | ont fait ce jourd'huy; ainsi fait et passé en prédite assemblée générale de bourgeoisie et accepté par ledit sieur Antoine Paqier, en foy de | signature du curial soussigné à Bulle ce vint unième jour du mois de septembre, l'an mil sept cens trente deux.

J. Geinoz.

Du 19e mars 1733 le sieur Jean Mivroz juré et sindic de la noble et honorable bourgeoisie de Bulle | a confessé avoir receu du sieur Antoine Paquier sus nommé huit escus petits six baches et deux gros | pour le tier de la susdite somme de vint cinq escus qui estoit payable comptant dont quitte pour dite | somme, fait à Bulle les jours et an susdits. J. Geinoz.

L'an mil sept cens soixante sept, et le douzième d'avril, | la noble et honnorable bourgeoisie de Bulle estant généralement commandée et assemblée en la maison de ville du lieu, à l'instances des trois fils du susdit | Antoine Paquier, nommément Pierre-Joseph, Pierre et François-Joseph; la sus écritte recconnoissance a esté reconfirmée et renouvellée, sous les mêmes condi-|tions et astrictions que cy dessus, et pour n'avoir demandé ce raffraichissement dans le terme sus énoncé, ils payeront un escus neuf, pour une fois; ainsi passé | en dite noble et honorable bourgeoisie, en foy du seing du secrétaire d'icelle, le jour et an que dessus. A^nius^ Mivroz.

L'an mil sept cent quatre vingt et le quatorze mars, le sieur Jean Tenterey, notaire | et gouverneur de la noble bourgeoisie de Bulle, a confessé avoir reçu d'honnorée Marie, née Duclos, veuve de

Pierre Paquier, ascavoir seize escus treize baches et un sol pour entière satisfaction | de la rénovation cy dessus, dont quitte; les jours et an susdit, en fait foy Claudius Dupaquier, not.

*Original:* parch. 34/17,5 cm.; Arch. de Bulle, sans cote.
*Non scellé.*

## 122. Obligation de prêter le serment des joux.[1]

1734 II 14.

L'an mil sept cens trente quatre et le quatorzième de février, la noble et honnorable bourgeoisie de Bulle, généralement commandée et assemblée en la maison de ville du lieu, a connu en confirmation des anciennes et précédantes connoissances que tous bourgeois, maîtres ou fermiers, qui d'ors en là ira aux joux et qui y mènera avec luy ses enfans, valet ou aidant, soit les envoyant ou laissant aller aux dites joux sans qu'ils ayent prettéz ledit serment des joux, ayant l'âge de dix huit ans, sera eschû au bamp de la ville, de trois escus petits et vint gros quoy que non fravaillant, et les pères, mères, maîtres ou maîtresses en seront responsables.

Arch. de Bulle, Livre des serments fol. 6.

## 123. Conditions d'un rapport formel.

1734 II 14.

Les forestiers et rapporteurs des joux ne feront des rapports des fravaillants qui ne les ayent vu et surpris en couppant, écottant, plumant et chargeant, et aussi en trainant ou menant du bois deffendus, moyenant qu'ils puissent soutenir que par confrontation ou échantillon ledit bois est convenable au tronc couppé, en quel cas seront obligé d'en faire le rapport où convient, autrement non; ce qu'a esté ainsi expliqué en assemblée générale de bourgeoisie ledit jour et an que devant 14e février 1734 pour être d'ors en là observé.

Arch. de Bulle, Livre des serments fol. 6 v⁰.

## 124. Ohmgeld.

1734 II 14.

La noble et honorable Bourgeoisie, généralement commandée et assemblée en la maison de ville, a connu, sur la proposition des

[1] *Voir ce serment ci-dessous n⁰ 146.*

longuelteurs, si on devoit taxer les vins vieux des cabartiers à ceux qui n'en ont point de nouveaux, que c'est contre le reiglement fait de taxer le vieu, qui leur permet de vendre le vieux sans taxer dès la S^t^ Antoine en le fesant publier; s'ils négligent de le publier lesdits longuelteurs feront au contenu dudit reiglement.

Arch. de Bulle, M. B. vol. III p. 7.

## 125. Status pour les communages et charge des communs dans Bulle.

1734 XI 28.

Primo. Tous bourgeois qui prétendront charger sur les biens communs un cheval soit une jument devront l'avoir à eux pour les charrues, comme anciennement, sans traficq ny autre circonvention, sous peine d'estre escheut au ban de la ville. Et s'il arrive que par urgente nescessité quelque bourgeois fussent indispensablement contraint de demander un eschange, ils devront se présenter en bourgeoisie le premier dimanche de may pour, sur leurs exposition, attendre un plus, et dès lors ils ne seront plus entendu en recry et devront payer cinqante baches par chaque eschange. Toutes fois le Sr. banneret pourrat donner l'antrée en bourgeoisie pour les eschanges des bestes vitieuses et poulin de deux ans et pour remplacer des bestes meschenttes tant seulement, pour demander grace de faire echange sans payer les cinquante batz pour les dits trois cas.

2⁰ Plus, at esté statué à l'exemple et rénovation de l'ancienne coutume que tous bourgeois qui demeureront, habiteront en pay étrangers et ne fairont eux mêmes feu et lieu rière la communauté n'auront aucune entrée en bourgeoisie pour demander aucune charge sur les biens communs, à moins qu'ils n'ayent pour l'hyvernage de cinq vaches.

3⁰ Plus, tous bourgeois qui chargerat une vache en Bouleyre ne devrat avoir aucune rétribution pour son communages, à la réserve des pauvres gens prébandaires qui pourront charger Bouleyre sans préjudice de leur communage, et quant aux habitants ne devront charger aucune chèvre ny beste à gruin sur les biens communs, ny même estre admis en Bourgeoisie pour en demander la grâce.

4⁰ Plus, il est deffendu sous le ban de la ville à tous bourgeois aussy bien qu'aux maîtres et fermiers de se joindre et de faire aucun traficq pour la charge des biens communs, ny même pour la charge de Bouleyre, et pour prévenir les funestes suittes de ses commerces, il serat d'ors en avant deffendu de se partager le lait d'une vache entre le preneur et le bailleur, comme aussy de payer le louage desdites vaches avec du lait; toutes fois il serat permit à deux ou plusieurs personnes de louer une vache par ensemble et de se partager le lait entr'eux, moyenant qu'une personne ne retire pas du lait de deux vaches chargées sur le commun.

5⁰ Plus, en confirmation des anciens statuts, il est de même deffendu à touts bourgeois de charger sur les biens communs, plus de deux bestes à gruin depuis la St. Denis jusqu'en mis may, et dès lors un tant seulement, à l'exeption du boucher qui en pourrat charger deux toutes l'année.

6⁰ Plus, en confirmation des anciens statuts, les communs ne se devront charger, ny même estre retirée aucune rétribution que par chasque chef de famille, à moins que les enfants et autres qui prétendront charger le communs, soit recevoir ladite rétribution, ne manifestent estre véritablement divisés et détronqués, comme aussy séparés de feu, pain et farine d'avec leur père ou mère, frère ou sœur et autres.

7⁰ Il at esté de plus statué et connu pour prévenir abus que tous soupçonné et accusé de n'estre séparés et divisés d'avec un autre personne de feu, pain et farine comme est dit en l'article cy-dessus, comme sont ceux qui n'ont qu'une cuisine pour deux ou plusieurs ménages, voulant charger le communs ou retirer ladite rétribution, devront soutenir formellement leur division toutes les années comme aussi de n'estre rentré dans l'indivision depuis leur dernier soutien.

8⁰ Il at de même esté statué que tous les bourgeois impotent et autres qui par nescessité indispensable et raisons légitimes seront obligés de se mettre en pention, auront également trois escus, leur jardin et bon an pour toutes prétention de leur communage, moyenant qu'ils soutiennent que profit et perte soient pour eux en particuliers.

9⁰ Plus, tous bourgeois qui seront à service de maître dans le païs ou ailleurs pendant toute l'année n'auront pendant le temps qu'ils seront à tel service aucun droit de communage, mais tous ceux qui iront en Bourgogne et y serviront, ou ailleurs, pendant l'esté tant seulement, auront la moitié de leur communage en faisant les journées et fonctions de bourgeois pendant le reste du temps.

10° Plus les bourgeois qui voudront et auront droit de charger nouvellement les communs, soit arrivants hors du païs ou nouvellement divisés et partagés, percevront leur communage à rate de temp, et ceux qui voudront mettre du bétail sur le commun pourront aussy le faire comme les autres bourgeois en entrant dans le droit de communage, bien entendu qu'en commenceant de jouir du commun ils supporteront aussy en même temp les journées et devoirs de bourgeois.

11° Plus, tous bourgeois qui ne chargerat point de cheval ny vache sur le commun percevrat en place soixante baches et leurs bon an, à raison de dix baches, pour le quel avoir le bourgeois devrat estre et demeurer chez luy le premier jour de l'an et devrat offrir le pain bénit à son tour, ou du moins s'il changeoit de domicile ou louage de maison il l'offrirat pour le plus tard dans trois ans.

12° Plus, il at esté statué et connu pour ce qui regarde les charroirs, qu'on dresserat une liste de ceux qui chargent le commun par à plain à la nouvelle année sur laquelle on marquerat les charroirs que chasqu'un fairat à coté de son nom jusqu'au nombre de six à chasque bourgeois, et pour lors on dresserat une nouvelle liste chargée d'autant de charroirs comme la première, et ainsy pour la suitte.

13° Plus, généralement toutes les joux de la bourgeoisie sont pour toujour fermée pour les charriot grands et petits depuis la fin du mois de février jusqu'au mois de décembre suivant, sous le ban de la ville, et le tier de l'offence appartiendrat au raporteur.

14° Plus, il at esté reiglé et statué qu'il serat absolument deffendu de prendre et ramasser du bois ovuaillé dans toutes les joux de la bourgeoisie, qu'au préallable il n'ait esté permit et un terme fixé pour le ramasser.

15° Plus, depuis que l'on aurat chargé le commun il serat deffendu de mettre des cheveaux en Bouleyre.

16° Plus, il est deffendu à tous et un chasqu'un de faire aucune charbonnière dans les joux de la bourgeoisie sous le grand ban de la ville, ainsy que les charbonnières en sont entièrement bannie et ne se devrat donner aucune entrée en bourgeoisie pour ce sujet.

17° Plus, tous ceux qui ont des jardins et curtils sur les biens communs plus grands que l'ordinaire se devront retirer en leur juste contenance qu'est de trente fois trente pieds cubes, à deffaud de quoy ils se mesureront par les S[rs] preud'hommes à leurs frais, et ils seront outre ce escheuts au ban de la ville.

18⁰ Plus, en comfirmation des anciens status, il at esté derechef connu que personne ne devrat désormais aller dans les Joux Derrières et Davoz du Chemin avec plus d'un cheval, hormis pour le bois marqué, à moins qu'il n'ait plus d'un communage, alors tant de communages tant de cheveaux permis.

19⁰ Plus, at esté statué et reiglé, aux fins que les susdits escrits status et reiglements soient tant plus régulièrement et inviolablement observé, qu'on établiroit en Bourgeoisie toutes les années alternativement deux justiciers et trois bourgeois avec les S[rs] banneret et gouverneurs qui auront plain pouvoir de châtier les contrevenants aux dits statuts, et sans aucune entrée en Bourgeoisie pour obtenir grâce de leur faute.

Ce qu'at esté confirmé, approuvé, ratifié et statué, pour ferme, stable, valide et irrévocable aux temps advenirs, par un plus général et unanime de Bourgeoisie, passé le vint huitième de novembre en mil sept cens trente quatre. Antonius Mivroz.

Arch. de Bulle, M. B. vol. III, litt. C-E du répertoire.

*Copie:* papier, double feuillet 22/32,5 cm.; Arch. de Bulle, sans cote. Cette copie parait avoir servi de base à la discussion en assemblée de Bourgeoisie, en raison des notes marginales et des corrections qui y figurent.

## 126. S'ensuivent les connoissances et plus qui deffendent au Sr. banneret de donner l'entrée en bougeoisie.

1734 XII 31.

At esté reiglé par un plus général que le Sr. banneret ne pourrat ny devrat donner aucune entrée en Bourgeoisie pour recevoir habitant, ny même demander avis à la Bourgeoisie pour donner l'entrée pour ce sujet, sous peine d'estre privé du bien commung, et tous bourgeois qui parlerat d'en recevoir serat punis du même châtiment.

Dudit jour, at esté connu que le Sr. banneret ne pourroit d'ors en avant donner aucune entrée à qui que ce soit pour demander affranchissement de quelque terre.

Du susdit jour, at esté deffendu au Sr. banneret de donner aucune entrée en Bourgeoisie à des bourgeois pour demander quelque charité pour sortir du pais, et deffence à tous bourgeois de demander l'entrée à la Bourgeoisie pour ce sujet.

Arch. de Bulle, M. B. vol. III, litt. O du répertoire et p. 22.

## 127. Marchés.

1735 XII 31.

Dudit jour. Connu qu'on ne tiendra point les marchés les jours de festes vigiles, et que lorsqu'il faudra remuer les marchés, le S[r] banneret aura soin d'avertir l'officier de ville, pour le publier, en deux endroits différents, sçavoir en la Maison de Ville et à l'halle

Arch. de Bulle, M. B. vol. III (non paginé).

## 128. Police du feu.

1737 III 10.

Dudit jour. En rénovation des précédantes connoissances, a esté deffendu d'aller par la ville avec de[s] flambeaux allumés et avec des chandelles sans lenternes, sous peine aux contrevenants d'estre escheuts au bamp de la ville, ce qui devra estre publié en la place accoutumée pour la conduite et information d'un chacun.

Arch. de Bulle, M. B. vol. III (non paginé).

## 129. Status causant les communages et charge des communs dans Bulle.

1737 XI 24.

1° Premièrement, tous bourgeois qui prétendra charger sur les biens communs un cheval ou une jument devra l'avoir à luy pour les charrues comme anciennement, sans traficq, ny circonvention; mais un bourgeois qui n'aura hyverné une jument venant à en acheter une le printems, devra en garder une l'hyver suivant ou payer huit escus pour l'herbe, ce qui lui sera retenu sur son communage à défaut de payement, et ceux qui seront indispensablement obligés de demander des eschanges devront inster en Bourgeoisie le premier dimanche de may pour en obtenir la permission, et après avoir eu un plus sur icelle, ils ne seront plus entendu en recris et payeront cinquante batz par chaque eschange, toutes fois le sieur banneret pourra permettre l'entrée aux bourgeois pour obtenir grâce des 50 batz pour les eschanges des poulins d'un et deux ans pour les bestes vitieuses, et pour remplacer des bestes masch[e]nttes tant seulement, conditionné aussi que si un bourgeois venoit à vendre les dits poulins l'automne après avoir fait tels eschanges, il devra payer l'herbe au prix marqué cy dessus, à moins qu'il achette une jument pour l'hyverner et qu'il l'ait à luy pour le plus tard à Noël.

2° *Art. 2 des statuts du 28 novembre 1734.*

3° Plus, tous bourgeois pourra charger une vache en Bouleyre, sans préjudice de son communage, s'il ne charge ny cheval ny vache sur le commun, et quand aux habitants ne devront charger aucune chèvre, ny beste à gruain sur les biens communs, ny même estre admis en bourgeoisie pour en demander la grâce, conditionné que ceux qui chargeront Bouleyre devront remettre diligemment leurs bestes aux bergers et les retirer lorsqu'elles seront revenues, car s'ils se trouvent sur le commun hors d'heure il payeront cinq batz de bamp et quand aux chèvres, on les devra conduire exactement le long de la Trême, au contenu de la sentence souveraine pour ce obtenue, sans les laisser aller ailleur, et s'il se trouve que quelque habitant jette des chèvres ou bestes à gruain sur la commun il payera le bam de la ville.

4° et 5° *Art. 4 et 5 des statuts du 28 novembre 1734.*

6° *Art. 6 des statuts du 28 novembre 1734, auquel il est ajouté:* conditionné que ny fils, ny fille ayant père et mère, n'aura aucun communage, encor qu'il seroit séparé d'avec eux, à moins qu'il ne soit marié: dans quel cas, ils jouiront de tous droits de bourgeois.

7° *Art. 7 des statuts du 28 novembre 1734.*

8° *Art. 8 des statuts du 28 novembre 1734; il y est ajouté* avec aussi leur billet de bois.

9° à 11° *Art. 9 à 11 des statnts du 28 novembre 1734.*

12° Plus pour ce qui regarde les charroirs, on dressera toutes les années une liste de ceux qui chargent des chevaux sur le commun, laquelle sera donnée à l'officier de ville qui devra y marquer diligemment tous les charroirs que chaque bourgeois fera à côté de son nom jusqu'au nombre de six, et que ceux qui seront avancés lorsqu' une nouvelle liste se fera, les charroirs avancé devront estre marqué sur icelle, lesquelles devront aussi estre produittes aux correcteurs de compte.

Ce qu'a esté approuvé, ratifié, confirmé et statué pour estre d'ors en là ferme, stable et valide, par un plus unanime passé en assemblée générale, le 24e novembre 1737.

En fait foy le soussigné Antonius Mivroz.

Voyé cy-devant les articles 13, 14, 15, 16, 17 et 18 *[des statuts du 28 novembre 1734]* qui ont esté confirmés tels qu'ils y sont écrits.

Arch. de Bulle, M. B. vol. III, litt. F et G du répertoire ; idem, vol. IV et V (non paginés).

## 130. Règlement causant les charbonnières et communages.

1738 XII 5, 10, 12.

Comme il auroit plût à Leurs Excellences, nos souverains Seigneurs et Princes de la ville et canton de Fribourg, de nommer et députer leurs très chers confrères, les très honnorés et magnifiques seigneurs sénateurs Techterman, Defforel avec monsieur le banneret Gottrauu, par leurs sentences du cinquième et dixième décembre mil sept cens trente huit, pour tacher d'appointer les difficultéz ventillentes entre la noble et honnorable bourgeoisie de Bulle et honnête Claude Gremoud, horlogeur dudit lieu, occasion des charbonnières; et les honnorées Françoise Gex, Marie Paris, Ursule Glasson et Marie-Anne Duvillard, toutes dudit Bulle, au sujet des droits de communage, comm'aussi pour tacher d'apporter sur les dits faits contentieux de bons règlements et tempéremments;

Les dits très honnoréz et magnifiques Seigneurs souverainement députéz, outre les amiables appointements faits à part et touchant les fraix, acceptés de part à part, ont pour l'avenir réglé et tempéré lesdits faits comme s'ensuit.

A l'égard des charbonnières.

1mo Qu'aucun ne pourra et devra à l'avenir charbonner dans les joux de la dite bourgeoisie aucun bois que ce soit, ny sa buche ou billet de bois, ny d'autres qu'il pourroit achetter, mais qu'au lieu de charbonner dans les dites joux s'il ne peut amener son bois en bas, on devra amiablement luy démarquer une place à portée de ses bois, à moins de dommage et hors des joux et de danger[1].

A l'égard des droits de communages.

1mo Le commun ne devra se charger, à forme des vieux statuts, n'y retirer la rétribution communale en argent, que par chaque chef

[1] *Cet article est seul: il n'y a pas de* secundo.

de famille ou de maison; item, par chaque frère et sœur qui seront véritablement divisés, partagés les uns d'avec les autres de feu, pain et farine, de sorte qu'ils soient chacun à leur profit ou perte particulière, sans aucune communion, ny indivision par ensemble, ny avec d'autres, et que celà se puisse clairement démontrer et vérifier.

$2^{do}$ Il sera aussi permit aux fils mariéz, établits et véritablement détronqués, divisés et séparéz d'avec père et mère, frères et sœurs ou d'autres, etc., de charger le commun ou de retirer la rétribution susdite, moyenant que celà soit sans mauvaise intelligence, circonvention ou collusion frauduleuse, à dessain d'ambitionner ledit communage.

$3^{tio}$ Mais à l'égard des autres enfans qui ont père et mère ne pourront avoir ce droit, quoyqu'ils quittassent leurs dits pères et mères, pour autant que celà donneroit occasion aux dits enfans d'abandonner et parfois laisser leurs pères et mères à la misère, sans assistance et respect dû, à dessain de profiter en leur particulier dudit communage, ce qui seroit odieu et contraire aux lois divines et humaines.

$4^{to}$ Item, tous bourgeois impotents, gens hors d'esprit, les vielliards, et aussi les enfans orphelins, en minorité d'âge et sous tutelle, et qui sont indispensablement obligés de se mettre en pension ou à garde chez autruy pour n'avoir l'esprit ny la force de tenir ménage, feu et lieu en leur particulier, auront également la rétribution de communage, s'entend que plusieurs orphelins frères et sœurs n'auront qu'un droit, et le reste des droits de bourgeois, s'ils sont aussi véritablement divisés et détronqués d'avec autres, et que celà se puisse véritablement vérifier sans collusion, et ne pourront charger le commun, ny ceux qui les garderont à leur nom.

$5^{to}$ Tous bourgeois divisés et séparéz de façon qu'ils peuvent avoir eux-mêmes la charge du commun, pourront, suivant les vieux statuts, louer et admodier leurs droits de communage à leurs fermiers avec leurs biens, si les dits biens sont dans le lieu et portent l'hyvernage de cinq vaches; pour quelle charge le fermier sera tenu aux mêmes charges et conditions que les bourgeois chargeants.

$6^{to}$ Plus, tous bourgeois qui demeureront en pays étrangers et ne feront eux-mêmes feu et lieu rière la communauté, n'auront aucun droit de charger, n'y d'avoir dite rétribution pendant leur absence, à moins d'avoir en suffisance de bien pour cinq vaches pour avoir un fermier.

7$^{mo}$ De plus, tous bourgeois qui seront à service de maitre pendant toute l'année, tant audit lieu qu'aillieurs, n'auront aucun droit de communage pendant qu'ils seront à tels service, et n'ayant un fermier comme sus est dit, mais ceux qui serviront seulement l'été auront la moitié de dite rétribution en fesant les journées le reste du tems.

8$^{vo}$ Or, comme il est parfois difficile de connoitre et discerner ceux qui sont véritablement séparéz et diviséz de la manière qu'il est dit aux articles cy devant, surtout ceux qui, causant le grand nombre d'habitants et forains qui sont actuellement dans ledit Bulle, lesquels tiennent et occupent une grande partie des maisons audit lieu par aquis et admodiation, lesdits bourgeois sont contraints de demeurer et se souffrir plus d'un ménage dans une même maison, et de vivre ensemble, et où il n'y a qu'une cuisine, et dans ce rencontre, ladite bourgeoisie, si elle a du soupçon dans leur division, pourra demander et faire prêtter serment aux hommes ou parents qui vivront en même maison avec les personnes soupçonnées, pour déclarer par ledit serment que lesdites personnes soupçonnées sont véritablement séparées, divisées et détronquées d'avec eux, sans aucune communion de profit ou perte de bien, mais d'être véritablement chacun en leur particulier; comm'aussi devront-ils, par le même serment, promettre de révéler et avertir le banneret ou gouverneur, lorsqu'elles viendroient à se remêler et revenir en communion de biens avec quelqu'un, ou se rafracher en manière que ce soit. Et que s'il n'y avoit en semblable maison que des femmes ou filles, icelles devront aussi solemniser le même serment et promesse avant que d'avoir le droit de communage. Et ce serment estant fait une fois ne devra plus estre demandé aux mêmes personnes, et celà pour éviter toutes conséquences et abbus.

9$^{no}$ Et si par hasard il se trouvoit et décou[v]roit à la suitte que quelqu'uns eussent frauduleusement et mal à propos exigé et perçû dit communage, ils en devront être restituables à la dite bourgeoisie de toutes les fois qu'ils l'auront ainsi mal à propos retiré ou profité et aussi supportables du bamp de la ville et de tous fraix résultés à ce sujet.

Leurs Excellences mes souverains seigneurs et supérieurs du Conseil Privé, ayant entendû la lecture de la présente prononciation, icelles l'ont confirmée en tout son contenu de sorte qu'elle devra avoir lieu et sortir son plein effet. Fait ce 12$^{e}$ Xbre 1738.

Vonderweidt, secrétaire du conseil de Fribourg.

*Original:* perdu.
*Transcription:* Arch. d'Etat, Fribourg, R. E. vol. 31 fol. 226 v°.
*Copies:* Arch. de Bulle, M. B. vol. III, litt. Q à V du répertoire; idem vol. IV et V (non paginés); Arch. de Bulle, papier, double feuillet, 23/34 cm., sans cote (les deux dernières copies ne comprennent pas le préambule, ni l'art. relatif aux charbonnières).

## 131. Délibérations et représentation en Bourgeoisie.

1739 II 15.

Aussi connu et passé en plus que les S$^{rs}$ bannerets et gouverneur ne pourront porter les raisons d'autruy en Bourgeoisie, ny servir de parlier lorsqu'il y aura quelque différent en Bourgeoisie, et cela pour autant qu'il ont un serment particulier pour soutenir les interrêts de la Bourgeoisie.

Arch. de Bulle, M. B. vol. III (non paginé).

## 132. Jouissance du commun.

1740 IV 24.

Dudit jour, fut passé en plus qu'en confirmation de l'ancienne pratique qu'un bourgeois admodiant son bien ne devra faire aucun traficq contraire à l'ancienne usance, c'est à dire que le maître et le fermier ne devront s'enjoindre pour la charge du commun, ains que l'un d'eux seul devra faire toute la charge, sans prétendre de pouvoir le charger l'un et l'autre par partie.

Arch. de Bulle, M. B. vol. III (non paginé).

## 133. Droits de l'officier de ville.

1740 XI 19.

Par permission du magnifique et très honnoré seigneur baillif de Bulle implorée, et à l'instance du sieur Nicolas Moret, nouveau officier de ville de Bulle, sera duement nottifié au sieur Gez son prédécesseur et ancien officier de dite ville pour déclarer et attester ce qui suit: s'il n'a pas exercé dite charge d'officier de ville de Bulle l'espace de quarante ans consécutifs.

Et si comme celuy-cy ou ceux des villes de Gruyères et autres circonvoisines, s'il n'a pas toujours nottifié et exploitté les gagements et subastations aux débiteurs de dite ville, clergé et hôpital et confrairie sans avoir employé les officiers des seigneurs baillifs.

S'il n'a pas toujours fait les mêmes exploits d'officier de ville rière les autres bailliages, où il eu dû aux dits membres de dites villes, sans que par là il aye anticipé sur les droits des officiers des seigneurs baillifs.

S'il n'a pas constamment de pratique nottifié les plus de dite Bourgeoisie et autres nottifications pour icelle, comme aussi publier les admodiations des dits membres et autres publications pour la police du dit lieu.

Finalement déclarera tout ce qu'il peut scavoir tant par ses prédécesseurs que par luy-même être de pratique du dit office, le tout par sa bonne foy et serrement, afin que le dit nouveau officier de ville puisse scavoir exercer ce qui est de son incombant devoir, et ne pas s'enticiper sur les droits des officiers du souverain, et pour évitter disputes et contrariétés qui pourroient survenir.

Du dix neuf novembre 1740. Le soussigné relate en fait d'office, à l'instance du sieur Nicolas Moret, officier de ville de Bulle, et de permission asserrée avoir nottifié tout le contenû cy devant au sieur Joseph Gez, ancien officier de ville du dit Bulle, lequel a donné sa déclaration littérale par écrit, comme s'en suit:

Déclaration de Jean Joseph Gez, ancien officier de ville Bulle.

Premièrement, je déclare avoir fait la charge d'officier de ville l'espace de quarante ans, huit mois et trois semaines.

Secondement, d'avoir nottifié les gagements et autres suittes dépendantes d'iceux gagements aux débiteurs de la bourgeoisie, clergé, hopital et confrairie du Saint-Esprit, sans permission et sans avoir employés les officiers des seigneurs baillifs.

Troisièmement, d'avoir fait les mêmes exploits hors et dedant le bailliage de Bulle, où il étoit dût aux dits membres.

Finalement, déclare d'avoir nottifié les plus de Bourgeoisie et publié les admodiations pour les dits membres, et autres publications pour la police, ainsi que ses prédécesseurs en dite charge.

Ainsi déclaré à Bulle par ma bonne foy, en lieu de serrement, ce 19e 9bro 1740, y signé Jean Joseph Gez, ancien officier de ville.

Comme le relate à Bulle les jour et an que devant,

Antoine Castellaz, officier de Bulle.

Arch. de Bulle, M. B. vol. V (non paginé).

## 134. Conduitte des Srs. correcteurs des comptes pour la suitte.

1741 I 15.

Primo. Ils devront être nommés au commencement de l'année, ensuitte ils devront avoir soins du maintient des grands chemins que doit maintenir la bourgeoisie et des issues des confins, et les faire accommoder toutes et quantes fois ils le trouveront nécessaire; ou s'adresser au Sr. banneret pour le proposer à la Bourgeoisie, bien entendu qu'après les publications ordinaires ils auront les bans pour les issues, comme par cy devant.

Secondo. Devront aussi avoir soins que les connoissances de Bourgeoisie soient exécutées, pour que rien ne se néglige et que tout se passe par bon ordre, et que la police soit maintenue singulièrement, que les bams qui devront parvenir à la bourgeoisie ne soient négligé, et que les contrevenants aux statuts et règles de la Bourgeoisie soient duement cittés en Bourgeoisie pour être condamnéz au bamp suivant l'exigence du fait.

Tertio. Devront avertir le Sr. banneret des choses qu'ils remarqueront tendre au préjudice de la bourgeoisie ou contre ses statuts, et ledit Sr. banneret devra pour lors en faire l'exposition, et ne la faisant les Srs. correcteurs en porteront leurs plaintes ou feront l'exposition eux-mêmes.

Quarto. Devront invigiler à ce que les bourgeois ou habitants ne retirent chez eux des étrangers qui ne seront tollérés contre les connaissances de Bourgeoisie, et lorsqu'ils en apercevront en faire d'abors leur raport.

Auront aussi soins de surveiller sur les ouvriers de bourgeoisie et sur la conduitte du gouverneur et autres qui feront des commissions pour la Bourgeoisie, afin de réprimer les abus.

Auront de même un so'n particulier pour la visite du feu, qu'ils devront faire trois fois l'année exactement, scavoir en février, en avril et en octobre; iront en même tems faire dite visite ès fours de la ville, pour éviter tous accidents; et ceux qu'ils verront ou auront raport que quelqu'un aye été par la ville avec flambeaux allumés, chandelles et pipes allumées ès lieux dangereux seront eschuts à l'amande de cinq batz dont la moitié sera pour le raporteur.

Finalement, pour éviter les abus, ils devront avoir le compte du gouverneur huit jours durant avant la correttion, comme aussi exhibition des autres documents qui leurs pourroient être nescessaires pour connoitre les obventions et autres qui pourroient tendre au profit ou au préjudice des droits de la bourgeoisie, pour quel effet ledit compte leur devra être remit annuellement le jour St. Sylvestre.

Arch. de Bulle, M. B. vol. III (non paginé).

## 135. Taxation des vins.

1741 XI 19.

Dudit jour. Sur la lecture de la supplique et sentence obtenue de certains cabaretiers, la Bourgeoisie a passé en plus que les Srs onguelteurs devront incontinent s'informer du prix du vin à Châtel, et de faire tout aussitôt la taxe des vins icy, raisonnablement à concurrance de la vente dudit Châtel; mais que ne pouvant la taxe faite être aggréée par les cabaretiers, lesdits onguelteurs leurs demanderont leurs raisons de griefs, et sur ce lesdits onguelteurs prendront avis de la justice pour leur conduitte là-dessus, le tout à teneur du règlement.

Arch. de Bulle, M. B. vol. III (non paginé).

## 136. Règlement pour prévenir et éviter accidens de feu.

1745 I 10.

Primo. Les quatre correcteurs qui seront établits pour le compte du gouverneur feront exactement la visite quatre fois pendant l'année de leur établissement, savoir: en février, en aoust et en octobre, tous quatre ensemble par la ville tant seulement; et en may par tout l'endroit, tous ensembles par la ville, et deux à deux par le dehors.

2º Ordonneront à chaque ménage de se pourvoir pour chaque nuit deux sciaux d'eau pour le moins, et de ce procurer chacune lenterne et instrumens à feu, pour que chacun en puisse faire chez luy sans en aller chercher auprès de ses voisins.

3º En faisant leurs tournées, examineront diligemment les fourneaux, foyers, cendriers, cuisines et cheminées pour reconnoitre si le tout est en due seureté, et trouvant en iceux quelques défauts, les anoteront fidèlement sans support, et les révéleront à la bourgeoisie le plutot possible pour qu'elle en puisse faire procurer une prompte réparation.

4º Avertiront un chacun de bien netoyer leurs cheminées, et si après dit avertissement ils en trouvent qui ne soient pas convenablement nétoyées, ils les feront incontinent nétoyer aux frais des propriétaires qui payeront pour telle négligence cinq batz de bamp par chaque défaut.

5⁰ Pour bonne précaution est aussi deffendu sous le même bamp de porter du feu sans lenterne dans les granges, écuries et autres lieux dangereux, comm'aussi d'y fumer, de même que sur les toits des batimens, et chaque personne digne de foy sera à croire à son raport.

6⁰ Les mêmes correcteurs devront dans des tems de sécheresse et grand froid commander une visite de feu journallière, qui se devra faire et commander alternativement pendant quel tems, chaque ménage devra sans faute avoir chez soy deux sciaux d'eau pour le moins.

7⁰ Tous bourgeois chargeant cheveaux seront tenus faire d'icy au mois de may prochain chaqu'un une échelle capable de monter sur leurs toit à moins qu'ils ne l'ayent actuellement.

Finalement les correcteurs devront (outre les visites cy devant) faire la visite des fours de la ville, et de ceux des particuliers dans ladite ville, tous les quinze jours.

Et pour que le présent règlement soit tant mieux observé, ils pourront nommer en secret les personnes qu'ils trouveront à propos pour surveiller à l'exécution du contenu cy devant et rapporter les contrevenants, auxquels ne se devra donner aucune entrée en Bourgeoisie pour avoir grâce du bamp; l'entrée sera néammoins permise à ceux qui prétendront se justifier, mais venant pour lors à être convaincus de contrevention à l'un des articles cy devant payeront dix batz de bamp.

Arch. de Bulle, M. B. vol. III, litt. H du répertoire.

## 137. Arrangement et règle à observer en cas d'accidens de feu.

1745 I 10.

1⁰ En cas d'accident de feu (dont Dieu veuille préserver), les premiers qui s'en appercevront devront donner l'allarme et sonner le toxim, comme a été usité cy devant, savoir avec la cloche du midi quand le feu sera hors du lieu, et si (par malheur) il en arrivoit dans l'endroit, étant hors de ville, avec la grande, et dans la ville avec les deux grandes, et il sera du devoir des deux guéz d'aller tout d'abord aux cloches pour continuer à sonner pendant qu'il sera nescessaire.

2° Arrivant du feu dans la ville, ceux qui demeurent au haut, comme les plus à portée, devront tout d'abord boucher l'aqueduc du moulin et mettre l'eau du coté le plus à portée du feu.

3° Pour aller au feu, chaqu'homme devra s'armer d'une hache, et les femmes et filles de chacune sciau, à moins qu'ils fussent commandés et ordonnéz pour d'autres instrumens.

4° Les prud'hommes choisiront ceux qu'ils trouveront à propos pour prendre les eschelles, crochets et anguettes, et auront soins que tout ce qui appartient à la ville, soit rendu et remit en bon ordre.

5° Les dits prud'hommes donneront les ordres qu'ils jugeront expédient et commanderont ceux qu'ils trouveront à propos, pour agir suivant les occurrance, auxquels chaqu'un devra obéir sous peine de payer cinq batz de bamp.

Pour ce qui est des bamps cy devant la moitié appartiendra à la bourgeoisie et l'autre moitié au raporteur.

A aussi été connu de faire faire quatre eschelles fortes et quatre crochets plus petits que les autres.

Et pour que le tout soit mis en due observation, le présent règlement devra être publié auprès de l'église le dimanche après sa confirmation, et annuellement leu en Bourgeoisie le jour de la mise des souffertes.

Finalement se devra dresser un inventaire des crochets, eschelles, et anguettes appartenant à la ville pour être remit aux Srs. correcteurs, des uns aux autres, avec un double du présent règlement pour que à chaque tournée et visite qu'ils feront ils puissent connoitre si le tout et en bon ordre, à quoy ils devront invigiler, et auront soin que ledit règlement soit leu le jour susdit en Bourgeoisie. Le tout quoy ayant été projettés par des commis pour ce établits et leu en Bourgeoisie, a été approuvé, ratifié et confirmé en assemblée générale, pour être d'ors en là poinctuellement observé en tout son contenu, le 10$^{e}$ janvier 1745, comme en fait foy le soussigné, secrétaire dedite bourgeoisie. Antonius Mivroz.

Arch. de Bulle, M. B. vol. III, litt. H du répertoire.

**138.** Arrêt souverain [de Fribourg] qui confirme à la Bourgeoisie de Bulle le droit de présenter trois R$^{ds}$ prêtres à la vacance de la cure pour que l'un des présentés puisse et soit nommé par LL. EE. — 1747 IV 20.

*Original:* perdu.
*Regeste:* Comba p. 87.

## 139. Statut et règle pour le gardien de l'hospital, fait en 1749.[1]

avant sa nomination,

Primo, fut statué que d'ors en avant celuy [qui] voudra entrer dans la charge de gardien de l'hospital devra fournir une caution bourgeoise, au contentement de l'honorable Bourgeoisie.

Secondo, se pourvoira d'un cheval soit jument et d'une vache aux fins de pouvoir manger la prise, faire les charroirs des pauvres et ramasser le bument sur la place des foires, pour le bien se puisse maintenir en bon état.

Ne pourra semer annuellement qu'une pose outre la chenevière accoutumée.

Maintiendra les hayes en état convenable, de manière que personne n'ait lieu de s'en plaindre, et les S$^{rs}$ hospitaliers en feront annuellement la visite. Devra aussi ramasser le bument près des eauges de la ville et sur la place devant la maison de ville qu'il devra tenir nette, et n'aura aucune part aux donnés [?] de l'hospital.

Arch. de Bulle, M. B. vol. IV (non paginé).

## 140. Prise des taupes et mulots.

1750 V 17.

Dudit jour, connu que ceux qui voudront faire le métier de derbonnier pourront le faire, et ceux qui en prendront devront porter les bêtes entières au gouverneur; et on leur payera demi-baches pour chaque derbons avant la S$^{t}$ Jean et un sol par taupes, et dès lors le tout à un sol

Arch. de Bulle, M. B. vol. IV (non paginé).

---

[1] *Pierre-Joseph Judet a été nommé* gardien de l'hospital *le 7 décembre 1749: ce règlement est donc de cette date, ou antérieur.*

## 141. Rouage.

1751 XII 31.

Du jour. Vu la négligence qu'il y a à l'indication des rouages, a été passé en plus de notifier à tous ceux qui voiturent ou retirent des vins de les indiquer sans fautes, sous peine d'être eschut au bamp de la ville au cas qu'on s'apperçoive que quelqu'un ne les indique et retire fidellement, et au cas que quelqu'un fasse refus de les indiquer, retirer ou payer, a été connu de le faire citter par devant le noble seigneur ballif.

Arch. de Bulle, M. B. vol. IV (non paginé).

## 142. Légitimation et reconnaissance de droit de bourgeoisie.

1754 VII 28.

*Gaspard, fils naturel de feu Jean Paris, de Bulle, ayant été légitime par sentence souveraine du 5 mai 1752, et ayant demandé à être reconnu bourgeois de Bulle, la Bourgeoisie refuse cette reconnaissance, disant qu'*elle n'a trouvé, ny pu découvrir dans les ordonnances, ny ailleurs, aucune loix, non plus d'usance et pratique qui authorisent ledit Paris à être reconnu pour légitime bourgeois, faite attention aussi que pareille instance fut autres fois faite par les frères Genilloud, et qu'ils furent esconduit de leurs prétentions par sentence du 3e février 1668[1], sauf pour le droit d'habitation sans contribution, en se bien comportant; ladite Bourgeoisie fait audit Paris le même offre[2].

Arch. de Bulle, M. B. vol. IV (non paginé).

## 143. Nomination du curé.

1756 VI 20.

La noble et honorable Bourgeoisie, généralement commandée et assemblée en la maison de ville du lieu, en suitte de la lecture faite par monsieur le doyen et seigneur curé Castellaz d'une lettre à luy adressée de la part de son illustrissime et révérendissime grandeur, concernant l'élection de trois révérends ecclésiastiques pour être présentés à Leurs souveraines Excellences pour remplacement du seigneur curé, dont la place vient vacante par la résignation soit renoncement volontaire dudit monsieur Castellaz, après s'être reffléchie

---

[1] *Le* M. B. *de 1668 est perdu.*

[2] *Malgré une sentence souveraine du 13 novembre 1754, la Bourgeoisie confirma sa décision le 19 janvier 1755.* M. B. vol. IV.

sur le contenu dedite lettre, aussi bien que sur la pratique usitée, a déclaré qu'elle avoit tous les respects et obéissance pour les ordres et avertissements de sadite illustrissime grandeur, et remarquant d'un autre côté que Leurs souveraines Excellences ont droit de nomination, et que du passé ont à[1] fait l'élection par trois scrutins différends, considérant encor que si ont fesoit l'élection des trois par un seul scrutin, il se pourroit faire que les suffrages pourroient tellement se réunir sur un ou deux ecclésiastiques, qu'avec une seule voix un ecclésiastique pourroit venir à la présentation; c'est pourquoy, pour ne rien faire de nouveauté, elle n'a osé décliner de la coutume, toute foy que si sadite illustrissime grandeur ou Leurs souveraines Excellences trouvent à propos de prescrire une autre façon de procéder pour pareilles élection à la suitte, la Bourgeoisie s'y rangera avec tout le respect et la soumission possible.

*[Suit l'élection de* Dom Claude Mivroz, R$^{d}$ et docte M$^{r}$ Paris, prêtre du vénérable Clergé dudit Bulle, et R$^{d}$ monsieur Bernard Dupont, chappelain à Villard sous Mont.]

Arch. de Bulle. M. B. vol IV (non paginé).

## 144. Institution de la foire de septembre.

1757 II 16.

Nous l'avoyer et conseil de la | république de Fribourg, sçavoir faisons, | que nos chers et féaux les bourgeois de | notre ville de Bulle, nous ayants cejourd'huy en | due soumission fait représenter par leur commis, | que n'ayant au dit Bulle aucune foire depuis | le jeudy avant la mi-may jusqu'au jeudy après | la Toussaint, ils nous supplioient pour l'utilité | et commodité de la dite ville, de même que pour | remplir les désirs de leurs voisins et négociants, | de leurs accorder la permission d'établir une nouvelle | foire de fixer le jour d'icelle au jeudy après | le premier dimanche du mois de septembre.

Nous, désirants dans toutes occasions donner à | nos chers et fidels sujets des preuves de notre | bienveillance souveraine avons en enterrine- | ment de la demande à nous faite, accordé à la | dite ville de Bulle une nouvelle foire qui devra se | tenir audit jour jeudy après le premier dimanche | du mois de septembre, et cela avec les |

---

[1] *Sic, pour* déjà?

mêmes droits, franchises et privilèges, dont on a | coutume de jouir aux autres foires dudit Bulle.

Pour prévenir cependant aux inconvénients qui | dans la suitte pourroient survenir, notre | intention est qu'aux années où la fête de la nativité | de la Ste Vierge tombera sur le jeudy susdit, cette | nouvelle foire devra être tenue le lendemain, et que | tous les cas de bamps, amandes et châtimens qui | échoiront le jour de cette nouvelle foire devront | être poursuivis, jugés et punis par notre baillif, | sans que le banneret de la dite ville puisse y avoir | la moindre part. Cette notre présente concession | devant au reste avoir lieu pour aussy longtems | qu'il sera de notre bon vouloir. En témoignage | de quoy l'avons faite scéler de notre sceau accou- | tumé et signer par notre secrétaire d'Etat | le 16me février 1757.

C. N. de Montenach.

*Original:* papier, double feuillet 21,5/34 cm.; Arch. de Bulle D n° 13.

*Sceau:* de Fribourg, rond 46 mm., plaqué en papier. Légende: SIG. SECRETUM REIRUBLICÆ FRIBURGENSIS.

*Transcription:* 1° Arch. d'Etat, Fribourg, R. E. vol. 32 p. 524; 2° partielle, Livre du château de Bulle p. 104, Arch. d'Etat, Fribourg.

## 145. Serment des bourgeois.

1757 X 30.

Tous bourgeois et communiers de la ville et communauté de Bulle doit jurer et promettre par serment formel de garder et rechercher fidèlement les droits de la ville et commune dudit Bulle, de maintenir et procurer de tout son pouvoir l'honneur et profit d'icelle, et d'éviter avec soin ce qu'il reconnoitra tendre à sa perte et dommage.

Il se rendra prompt et obéissant aux ordres et commandemens que luy seront fait, au nom de dite communauté, tant par le gouverneur d'icelle présent et à venir, que par autres qui de luy auront charge, tant pour assister aux assemblées de bourgeoisie, que pour luy faire part de ses bons avis et conseils, lorsqu'il en sera requis, de même que pour rendre et exécuter tous autres devoirs nescessaires, auxquels un bon communier peut et doit être tenu.

Il sera particulièrement tenu et obligé de révéler et rapporter, sans aucun support ny délais, au lieutenant, banneret ou au gouverneur, soit à autres qu'auront charge dedite bourgeoisie, tout ce qu'il appercevra, verra, croira et entendra pouvoir tendre et redonner au deshonneur, préjudice, perte et dommage d'icelle, et en cas il se trouva en compagnie où on parleroit contre l'honneur et au préjudice de dite bourgeoisie, il sera tenu et obligé de prendre et lever ses témoins, et ensuite d'en faire un fidèle rapport à ceux que devant est dit, pour qu'iceux puissent en conséquence en faire les recherches et poursuittes convenables en tems et lieu et comme de droit convient.

Il promettra et jurera par le même serment, de ne point révéler, rapporter ny découvrir en manière que ce soit le sentimen et oponion *[sic]* qu'un autre bourgeois aura donné en plus de Bourgeoisie sous peine d'être pour toujours privé et exclus des assemblées bourgeoisiales, et d'être tenu et réputé pour faussaire.

Finalement il promettra et jurera de rendre et exercer, en tout et partout, les devoirs d'un bon et fidèle bourgeois et communier, et de s'aquitter fidèlement, et sans aucune mauvaise intelligence, tromperie, fraude ny cautelle, de toutes les choses prémises.

Arch. de Bulle, Livre des serments fol. 1.

## 146. Serment des joux.

1757 X 30.

Qu'un bourgeois ou communier, fermier, valet, domestique, ouvrier, aidant et tous ceux qui prétendront fréquenter les joux doivent pretter.

Un chacun d'iceux jurera et promettra de ne point couper, abbattre, seigner ny extirper, sur tous les paquiers et biens communs de la bourgeoisie, aucun chêne, faux, meley, pomier, cerisier, ny prunier, qu'au préallable ne luy aye esté donné ou permit par la commune ou par ceux qu'en auront due charge et pouvoir.

Semblablement promettra et jurera par le dit serment de ne couper, abbatre, seigner, extirper ou volontairement endommager dans toutes les joux et bois de devins dedite bourgeoisie (s'entend depuis la Perreyre jusqu'aux joux de Vuadens) aucun bois verd de scûe, sapins, vuergnoz, faux, chêne, ny meley, — de même que les bois secs, mais dans les devins tant seulement[1], — à moins qu'au préallable ne luy aye esté donné, vendu et marqué par les charges ayants de la commune, excepté cependant le cas que si par malheur ou accident, quelqu'un venoit à gâter quelque chose en sa lieuge ou sa palanche, il pourra alors coupper quelque chose à moins de dommage, pour ne pas s'en revenir sans bois.

[1] *Le passage entre tirets semble avoir été cancellé.*

Et s'il apperçoit, trouve ou découvre quelqu'un couppant, fravaillant, chargeant, trainant ou travaillant tant sur les biens communs qu'aux joux et bois de devins, des espèces de bois cy devant nommées, il sera tenu, en devoir de son serment, d'en faire le rapport aux charge ayants de la bourgeoisie.

Et chaque contrevenant ou fravaillant sera eschu au bamp de dix escus petit, outre la privation du bien commun pendant une année quand aux bois de devins, et de trois escus petit et vingt gros aux autres bois non devins.

Item promettra par ledit serment de ne coupper, abbattre ou appretter dans tous les bois de devins aucun bois sec ny ovaillé qui pourra servir pour l'usage de la ville pour planches ou pour carrons, sous le bamp de trois escus petits et vint gros et aucune entrée en Bourgeoisie ne sera accordée pour avoir grâce du bamp.

Le rapporteur percevra la moitié des dits bamps pécuniaires et l'autre moitié sera au profit de la bourgeoisie.

En outre le même serment s'observera pour la conservation des bois du noble seigneur de Forell qui sont rière Bulle, comme aussi de ne point enlever ou prendre la cloison des hayes qui luy appartiennent, depuis le bas de Trochebelon jusqu'au haut de Mollienchères.

Et un chacun rapportera les délinquants pour ce qui concerne ledit noble seigneur à ses fermiers.

Les serments cy devant ténoriséz, ayant estéz leus et examinéz, ont estéz approuvé et ratifiéz par un plus unanime, passé en assemblée générale de bourgeoisie le trentième d'octobre, l'année mille sept cens cinquante sept, pour devoir être solemniséz et observéz en tout leur contenu, comme en fait foy le soussigné secrétaire de dite bourgeoisie[1]. Anius Mivroz.

Arch. de Bulle, Livre des serments fol. 3 v.

## 147. Règlement à observer en cas d'accident de feu, dont Dieu veuille préserver.

vers 1760.

Premièrement: A esté statué de faire deux écluses au haut de la ville pour pouvoir aisément lacher l'eau dans les deux rues lorsqu'il sera nescessaire et de nommer deux hommes les plus à portées pour les ouvrir si par malheur il arrivoit du feu dans la ville.

---

[1] *Voir ci-dessus nº 122.*

Secondement: S'il arrivoit quelques accidents de feu dans la ville, celuy qui s'en appercevra le premier devra tout incontinent faire le tour de la ville pour donner l'allarme et avertir le monde où le feu sera, et en même tems avertir ceux qui doivent lacher les écluses.

Troisièmement: Le cabaretier de la Maison de Ville en tel cas aura soin d'ouvrir la porte, afin qu'on puisse tout de suitte aller prendre les anguettes et crochets, et l'on nommera six hommes les plus à portée pour les aller prendre.

Quatrièmement: L'on nommera aussi quatre hommes pour aller chercher la pompe en pareil accident.

Cinquièmement: L'on devra mettre deux grandes échêles près de la loge et nommer quatre hommes les plus à portée pour les aller prendre et les porter où il y aura du feu, et on en mettra aussi deux derrière les granges des Srs. bannerets Ardieux et Pierre Garrin, et l'on nommera aussi quatre hommes, les plus à portée, pour les aller prendre et porter où de besoin.

Sixièmement: L'on nommera six hommes en différends endroits de la ville pour avoir chacun une échelle et chacune corde prettes pour porter en tel accident, et que les dites échelles soit d'une grosseur qu'un homme les puisse bien manier.

Septièmement: L'on devra aussi nommer un homme en Saulsens pour qu'en cas d'accident de feu il aye soin de prendre garde que personne par malice n'ote l'eau jusqu'aux approches de la ville.

Huitièmement, chaque maître de famille aura soin, en cas de feu, d'avertir ses gens de ne point sortir sans avoir des sciaux ou autres choses propres pour travailler à éteindre le feu.

Neuvièmement, si par malheur il arrivoit du feu hors de ville, on devra aussi aller au secour avec la pompe, les échelles, crochets et anguettes et touts autres instrumens nescessaires et propres à éteindre le feu.

Dixièmement, si par malheur le feu du ciel venoit à tomber sur quelques unes des paroisses voisines, et que le feu s'allumast, l'on trouve à propos que ceux de la ville restent, afin que s'il y arrivoit un tel accident on fut en état d'y porter secour, et ceux qui demeurent hors de ville devront pour lors aller secourir tels voisins.

Fut aussi connu de faire promptement mettre en bon état toutes les échelles de la ville, et d'en faire encore quelques petites pour mettre en la Maison de Ville, et que personne ne se doit émanciper de les prendre pour les laisser ça et là pendant la nuit sous peine d'encourrir le bamp de la ville.

On devra aussi faire mettre en bon état les perches des crochets.

Anottations des hommes choisis et esleus pour le présent suivant les différends emplois: ... *[Suivent les noms].*

Arch. de Bulle, M. B. vol. IV et V (non paginés).

## 148. Arrangement concernant les charitéz à ordonner aux jeunes gens pour l'apprentissage de quelques métier.

vers 1760.

Premièrement. Toutes personnes dignes de charitéz qui souhaitteront apprendre quelques métiers devront se présenter en Bourgeoisie, avant que de faire un marché avec qui que ce soit pour l'apprentissage, afin que la Bourgeoisie puisse connoitre si la personne qui se présente se trouve propre pour le métier qu'elle veut entreprendre; et si la bourgeoisie trouve la personne propre pour tel métier, elle établira quelqu'un pour faire marché avec les maîtres qui voudront se charger de luy apprendre le métier.

2° Que tous ceux qui souhaitteront avoir des charitéz pour leurs aider à apprendre et payer l'apprentissage de quelques métiers ou pour se procurer des outils de leur profession, devront fournir caution suffisante pour le quantum qui leurs sera ordonné, pour qu'en cas d'absention du pays ou de désertion de leurs métiers, le prix d'apprentissage aussi bien que celuy des outils puissent être rendus à la Bourgeoisie, soit à l'hospital.

Arch. de Bulle, M. B. vol. IV (non paginé).

## 149. Grand rouage.[1]

1760 VIII 3.

Primo. Après refflections faites, les Srs. commis ont trouvé appropos que chaque bourgeois chargeant cheval sur le commun fasse vint charroirs, tant pauvre que riche, sans exception.

Secondo. Que chaque bourgeois et bourgeoise non prébendaires et qui ne chargent pas chevaux fassent chacun quatre journées, et les prébendaires deux, où ils seront commandéz.

3tio Que chaque bourgeois possédant terres, préz ou champs dans le territoire de l'endroit fasse deux charroirs par chaque pose, à

[1] *Ce règlement porte le titre* Projet causant la grande rouge.

l'exception des pasturages et des marèches de Neyremont et Mollienchires qui ne sont taxéz pour le présent qu'à un charroir par pose, le tout jusqu'à nouvel ordre.

4$^{to}$ Comme il y a beaucoup plus de facilité à charger et décharger les pierres que le sable, a esté trouvé à propos que deux voitures de sable soient comptées pour trois de pierres.

5$^{to}$ Qu'on lèvera les pierres par les communs des places, et que lorsqu'elles seront levées on prendra une ou deux journées pour les ramasser et conduire où conviendra.

6$^{to}$ Quand au pont de Saulsens, on trouve à propos de faire appeller le Sr. François Joseph Dupaquier et ses consorts mainteneurs d'icelluy pour scavoir leurs intentions.

7$^{o}$ Quand aux habitants, pour que personne n'aye lieu de se plaindre de surcharge, on trouve appropos de les faire tous convenir et de leurs faire différentes propositions: primo, aux plus aisés et moyennés, trois différentes, scavoir combien il voudroient donner en argent, combien de charroirs ils voudroient faire ou payer, ou combien de toises ils voudroient faire et approcher pour icelles les matériaux convenables; à certains autres, combien ils voudroient donner en argent, ou faire de journées, ou payer de charroirs; et aux moins moyennés, combien ils voudroient faire de journées.

8$^{o}$ Item, fut trouvé appropos de choisir quatre à six hommes de ceux qui ne chargent pas des chevaux pour aller choisir et lever des pierres sur la Trême pour les bords et les mettre en tats avec les bayards en des endroits à portée pour les sortir de la Trême.

9$^{o}$ Fut aussi arretté que les vint charroirs que chaque bourgeois doit faire se fassent dans la quinzaine.

10$^{o}$ Que chaque bourgeois chargé de faire des charroirs pour ses terres sera libre d'en faire pendant les dits quinze jours, toujours en déduction.

11$^{o}$ Item, que chaque bourgeois devra charrier les matériaux qui luy seront ordonné par le Sr. inspecteur, sous peine que ses charroirs ne soient comptés pour rien.

12$^{o}$ Item, que chaque bourgeois tirant communage et ne chargeant cheval devra aller luy même faire ses journées, ou envoyer en sa place un homme portant armes.

13$^{o}$ Item, connu que le Sr. inspecteur qui sera établit aura soin de voir que chacun charge convenablement et de marquer les charroirs suivant leur charge; et pour le Sr. Hergros a esté établit et ses journées fixées à cinq baches par jour.

Item, connu que quiconque déchargera ses voitures en autres lieux que là où il luy sera indiqué perdra sa voiture.

Arch. de Bulle, M. B. vol. IV (non paginé).

## 150. Vente des bois.
1760 XII 31.

Dudit jour. Passé en plus que tous bourgeois ou fermiers qui seront trouvéz avoir vendu des bois hors de Bourgeoisie seront irrémissiblement échu au bamp de la ville, et le banc appartiendra totalement au raporteur, et les Srs correcteurs seront chargés d'invigiler là-dessus.

Arch. de Bulle, M. B. vol. IV (non paginé).

## 151. Labourage et clôtures.
1763 VII 31.

La Bourgeoisie s'estant reffléchie sur l'exposition du R. Messire [Joseph-Sébastien] Gex, a déclaré en premier que chaqu'un a le droit d'achentrer sur la pièce de son voisin en labourant la sienne, et cela vis-a-vis de toutes les pièces labourables; de plus qu'il n'est aucunement d'usage de planter ou établir des hayes fortes ny vives entre les aboutissants en largeur, comme sont les hayes à cordons, tant à étaves qu'à lattes, de même qu'à bachys, mais tant seulement des hayes à pieux droits, à lattes ou à étaves, dont la construiction ny l'enlèvement ne sont d'une grande peine; et que lorsque quelqu'un veut labourer une pièce ou se trouve vis-à-vis une haye de cette qualité dernière, il averti son voisin pour sçavoir s'il veut enlever sa haye ou non, et que si tel voisin trouve appropos d'abbatre soit déplanter sa haye, il la replante luy-même, si par contre il ne trouve à propos de la déplanter, celuy qui veut labourer la déplante et la replante après son ouvrage fait; le tout pour ce qui est des achentrago, mais pour ce qui est des hayes fortes ou vives qu'on établit en longueur d'une pièce, elle déclare estre de coutume de les construire et établir de manière que les boënnes restent à telle distance de telles hayes que les voisins puissent labourer les leurs jusqu'aux limittes. Quand au 3e article, la Bourgeoisie déclare qu'il y a très peu de hayes vives et mortes qui existent toutes l'année dans ledit Bulle, sauf contre les communs, vu que la plus part des repaix se mangent en commun l'automne et que les autres repaix qu'on mange en particuliers se ferment en autaune, avant que de les manger, avec des hayes muables qu'on replie et qu'on met à couvert pendant le reste du tems. Ainsi déclaré par ladite Bourgeoisie et ordonné au soussigné de l'expédier pour acte de vérité.

Arch. de Bulle, M. B. vol. IV (non paginé).

## 152. Règlement fait au sujet de la charge des confins.

1768 X 2.

Après refflections faites par les sieurs commis établits, ils ont trouvé à propos d'établir pour règle:

Primo, que quiconque, tant bourgeois que fermier, qui aura loué ses propres repaix à des forains pour être mangéz avec des troupeaux ou autrement, tant avant qu'après la St. Denis, ne pourra charger des bêtes sur les confins que pour le montant de sa taxe.

Secondo. Qu'aucun habitant ne pourra charger des bestiaux sur les confins, à la seule exception de ceux qui ont des biens forcéz, qui auront la liberté de charger pour le montant de leur taxe et non plus outre, ou de fermer leurs pièces, à moins qu'ils n'aiment mieux retirer le montant de leur taxe en argent.

Du $2^{e}$ $8^{bre}$ 1768. Le règlement cy dessus a esté aggréé par la bourgeoisie pour la suitte, à la réserve qu'il sera permit pour cette année tant seulement à ceux qui ont loué leurs repaix à des forains de charger cinq paquiers et pas au delà, et on fera publier le présent règlement pour que personne n'en puisse prétexter cause d'ignorance.

Arch. de Bulle, M. B. vol. IV (non paginé).

## 153. Denier de réception à la bourgeoisie.

1774 IV 20.

Entendû la lecture de la présente requête, Leurs Excellences mes souverains seigneurs et supérieurs du Conseil privé ont corroboré et confirmé pour toujours la fixation du prix de la réception ci-dessus mentionnée, sçavoir que la dite Bourgeoisie recevra ceux qui auront épousé une de leurs bourgeoises pour la somme de mille écus petits, et ceux qui seront forains pour celle de 1500 écus. Bien entendu que les uns et les autres devront acquiter leur réception ou en argent comptant, ou payer une cense modérée sous une assurance suffisante pour le capital; et qu'au cas que le récipiendaire aye famille, il n'y aura qu'un des fils receu avec luy, qu'il devra nommer dès la date de sa réception en six ans, s'il est mineur, et s'il est majeur, il devra le nommer dans l'instant ou dès la première année de sa majorité, si l'y entre pendant les six ans. Donné ce 20e d'avril 1774.

Laurent Bourgknecht,
Secrétaire du Conseil de Fribourg.

*Original:* perdu.
*Copie:* Arch. de Bulle, M. B. vol. V in fine.

## 154. Institution de la Chambre ou Petit Conseil.
1774 XII 31.

Item, pour que les choses soient mieux mises en ordre que du passé, la Bourgeoisie a connu que tout le corps de l'honorable Justice, avec huit bourgeois qu'on choisira et dont le gouverneur sera l'un avec l'officier de ville, dirigeront les affaires de Bourgeoisie pour éviter les assemblées générales, et que de trois en trois mois on assemblera la généralité, et qu'on y fera lecture de tout ce qui se sera passé pendant les trois mois précédents, et que chaque membre de Justice et les bourgeois qui seront pour ce élus devront assister à chaque assemblée, à moins d'avoir des raisons légitimes d'exemption, et ils auront chacun vint-un baches pour leur peine.

Arch. de Bulle, M. B. vol. V (non paginé).

## 155. Statuts communaux.
1777 XI 20.

*[p. 1]* Nous l'avoyer et conseil de la ville et république de | Fribourg, sçavoir faisons: | qu'ensuite de notre arrêt du 31e mai 1775, nos très chers et bien aimés con- | frères que nous avions nommés et établis pour prendre en considération le projet | de status communaux que nos chers et fidels sujets de notre bourgeoisie de Bulle | nous avoient présentés, et pour en faire un mûr examen, nous ayant cejourd'hui | présenté l'arrangement relatif qu'ils avoient projetté pour le bienêtre de notre | dite bourgeoisie, en auroient imploré notre sanction et ratification souveraine; | nous, toujours inclinés à favoriser tout ce qui tend au bon ordre, et d'où peut | rejaillir un bien

réel sur nos chers et bien aimés sujets, voulants en même tems | condescendre aux humbles prières de notre dite bourgeoisie de Bulle, avons ratifié, | comme par les présentes nous ratifions les prédits status communaux, pour être | ponctuellement observés par notre dite bourgeoisie de Bulle et luy servir de règle | stable pour l'avenir, aussi longtems qu'il sera de notre bon vouloir de les laisser | subsister, comme suit:

1° Nous déclarons tout chef de famille ou de maison être en droit de jouir | du communage, soit en retirant la rétribution pécuniaire, soit en estivant sur les | paquiers communs une vache ou une jument avec son poulin de l'année; et nous | voulons que ceux qui chargeront une jument sur les dits paquiers fassent nos charroirs | seigneuriaux et ceux de notre dite bourgeoisie, et que ceux qui n'en chargeront | pas fassent les corvées de bras ordonnées pour l'utilité publique; bien entendu | que tels qui chargeront une jument comme est dit, devront l'hiverner jusqu'au | tems des charrues.

2° Les fils mariés, établis et tenant ménage à part, percevront le même droit, | ainsi que chaque frère et sœurs majeurs véritablement divisés, partagés et | *[p. 2]* séparés les uns d'avec les autres d'habitation et de ménage, et reconnus tels.

3° Tout bourgeois ainsi séparés et divisés qui ne peuvent ou ne veulent pas tenir | ménage, mais qui sont en pension, devront se contenter de la rétribution communa- | le en argent tant seulement, à moins qu'ils ayent un bien soit domaine suffisant | pour l'entretient de quatre vaches, en ce cas leurs fermiers soit admodiateurs pourront | jouir en leur place du droit de communage en faisant toutes les charges y | attachées.

4° Plusieurs frœres ou sœurs vivant dans l'indivision ne pourront jouir que | d'un seul droit de communage pour tous.

5° Un bourgeois orphelin qui hérite un bien suffusisant[1] pour l'entretient de | quatre vaches, pourra louer son dit domaine hérité pendant sa minorité, et percevoir | pour cet héritage le droit de communage malgré qu'il vive en indivision avec ses frœres | et sœurs, mais dès qu'il sera entré en majorité il devra se séparer de ses indivis s'il | veut jouir du dit droit.

6° Tout bourgeois de notre ditte ville de Bulle habitué dans l'étrangers et hors du territoire | du dit lieu n'aura aucun droit de

[1] *Sic, pour* suffisant.

charger sur les paquiers communs ni de retirer la | rétribution peccuniaire pendant tous le tems de son absence, à moins qu'il aye suffisament | de bien pour l'entretien de quatre vaches, en quel dernier cas il pourra le louer avec le | communage.

7° Les bourgeois qui seront domestiques pendant toute l'année, tant au dit lieu qu'allieurs, | n'auront aucun droit de communage pendant tout le tems de leur service, sauf qu'ils | possèdent un bien soit domaine suffisant pour l'entretien comme sus est dit de quatre | vaches; mais ceux qui seront en service l'été tant seulement percevront la moitié de la | rétribution peccuniaire en faisant les corvées de bras le reste du tems.

8° Pour prévenir et réprimer l'abus qui s'est fait jusqu'ici dans l'ordonnance des bois à | batir, nous deffendons à notre dite bourgeoisie de Bulle d'accorder dors-en-avant | *[p. 3]* à un bourgeois honnêtement moyenné plus que les bois nécessaires pour l'entretien | et réparations de ses batiments, de même qu'à ceux qui se trouveront dans la nécessité de | batir à neuf, elle n'en concédera pas plus que la relation des experts établis par elle à | ce sujet, portera; dans l'intention toutes fois que dans tous les cas les bois accordés devront être dans l'espace de trois années au plus employés à l'usage pour lequel ils auront été | demandés et donnés, si moins les dits bois seront derechef révolus à notre ditte bourgeoisie, et | si quelqu'un s'avisoit de vendre ou aliéner les bois ainsi concédés, nous le condamnons outre | la bonification de la valeur d'iceux envers notre ditte bourgeoisie à l'amende irrémissible de | vingt florins par plante, dont un tiers appartiendra à notre cher et bien aimé baillif, l'autre | à notre ditte bourgeoisie, et le troisième au délateur.

9° Toute personne, qui aura fravallié dans les bois de notre ditte bourgeoisie, et y aura fait | du dégat, sera tenu à l'amende de dix écus petits par plante dans les bois à devins, et de trois | écus petits vingt gros dans les autres non à devins, dont un tiers appartiendra au délateur et | le reste à notre ditte ville, outre les droits de notre cher et bien aimé baillif, auxquels | nous ne voullons en aucune façon porter atteinte; en même tems, nous déclarons les maitres | responsables de leurs domestiques, et tout bourgeois assermentés [sera] à croire en son rapport comme | il a été d'usage jusqu'ici.

10° Chacun de nos sujets de mœurs et réputation irréprochable venant à demander l'habitation | de notre ditte ville de Bulle, nous voulons qu'ils y soyent reçus pour habitants ainsi qu'un | étranger que nous aurons tolléré ou naturalisé.

11° Nous voulons qu'un gros marchand paye par an sept écus petits pour droit d'habitation, un médio-| cre cinq écus petits, un petit trois écus petits, un artisan, gens de métier ou autres personnes | vivants de leurs rentes deux écus petits.

12° Nous ordonnons que tous bourgeois qui refusera de se conformer aux présents statuts en tous | leurs points, soit supportable du bamp de la ville et de tous les fraix qu'il aura occasionné | par sa rénitence, et que les habitants soyent privés du droit d'habitation.

*[p. 4]* 13° Nous ordonnons à notre ditte bourgeoisie, de même qu'aux particuliers d'icelle, de veiller | soigneusement et d'invigiler à la conservation de ses bois, l'exortant à se conformer à | l'œconomie généralement approuvée de couper ces bois par tallies dans les endroits où la situa-| tion le permettra, et en épargnant et favorisant autant que faire possible le jeune bois. | Enfin nous nous réservons expressément de changer ou modifier, augmenter ou diminuer et | même d'annullir les présents statuts, voulant qu'ils sortent leurs pleins effets pour aussi longtems | qu'il sera de notre bon vouloir de les laisser subsister. En foi de quoi nous avons faits munir | les présentes de notre sceau ordinaire proche la signature de notre secrétaire. Donné en notre | conseil tenu le 20e de novembre 1777.

Em. deux écus neufs. N. Ratzé,

secrétaire du conseil de Fribourg.

*Original:* parch. double feuille 30/38,5 cm.; Arch. de Bulle A no 56, tiroir E no 9.
*Sceau:* de Fribourg, plaqué en papier, rond 38 mm. Légende: SIGIL . . . US. REIPUB. FRIBURGENSIS.
*Transcription:* Arch. d'Etat, Fribourg, R. E. vol. 35 p. 108.
*Copies:* Arch. de Bulle, M. B. vol. V, VI et VII (non paginés).

## 156. Droits de communage.

1780 V 9, 15.

La commission[1] s'étant assemblée dans la Maison de Ville du lieu au sujet de la charge de communages et rétribution d'iceux, ors après avoir eus examinés avec attention les titres concédés souverainement, ont considérés et trouvés que les fils mariés et tenants ménage avec leurs pères et mères n'étoient nullement dans

[1] *Cette commission a été instituée le 7 mai précédent.*

le cas de pouvoir charger le grand communage; vu singulièrement que dans l'article second dudit règlement il y est expressément dit et motivé que l'on doit être divisés, partagés et séparés les uns d'avec les autres d'habitation et de ménage, la dite commission a délibéré ne devoir ni ne pouvoir déroger aux prédits statuts, mais de s'y conformer avec exactitude, laissant le soin à tous bourgeois prétendants avoir ce droit de faire connoître leur division et séparation, ainsi conclur en dite commission ad referendum en Bourgeoisie générale.

Du 15 may 1780, la prédite connaissance a été ratifiée et approuvée dans tout son contenu par la Bourgeoisie généralement assemblée.

Arch. de Bulle, M. B. vol. V (non paginé).

## 157. Obligations du banneret.
1783 I 12.

Monsieur le banneret est tenu faire soner la cloche pour les assemblées ordinaires, mais en cas d'extraordinaire, il doit faire comander chaque bourgeois en particulier, sus le bamp de cinq batz, qui doivent être payé au profit dedite Bourgeoisie par chaque contrevenant, comme cela a été pratiqué de tout temps, de même que tous les bamps imposés à ceux qui auroient contrevenu à quelques règlement dedito Bourgeoisie.

De même, Monsieur le banneret doit accorder l'entrée et permettre les parliers à ceux qui s'y présentent; dès que les plus sont passés, ils doivent luy être reportés par l'officier de ville et tout de suitte être inscrit sur le manual. En un mot, c'est luy qui doit présider à nos assemblées; il a prêté serment de soutenir les droits de la bannière, il doit donc le faire en bon et zélé patriote, et être surtout exact à ne rien laisser introduire qui puissent tendre au détrimont dedite Bourgeoisie, comme ses prédécesseurs l'ont toujours fait. Il doit faire observer le bon ordre, avoir soin que chacun parle à son tour et faire retirer les mutins et insolens qui pourroient s'y rencontrer.

Arch. de Bulle, M. B. vol. V (non paginé).

## 158. Droit du bailli d'assister aux assemblées de Bourgeoisie.

1783 I 12.

Item, la noble Bourgeoisie a connu que c'étoit d'usance et de pratique [que] le noble, magnifique et très honnoré seigneur baillif assistoit aux assemblées de Bourgeoisie comme représentant LL. SS. Exellences, pour invigiler qu'il s'y passa rien contre le respect et la fidélité qui leur est due et pour faire observer le bon ordre, mais il n'y donnoit point son suffrage, pris égard que s'il survenoit quelques difficultés de bourgeois à bourgeois, soit la Bourgeoisie avec un particulier rellativement à quelques plus de Bourgeoisie, ledit seigneur baillif en vottant pour l'une des parties ne pourroit plus juger sus la question, c'est-à-dire qu'il ne pourroit pas être juge et partie.

Arch. de Bulle, M. B. vol. V (non paginé).

## 159. Serment des bourgeois; obligations de l'officier de ville et du gouverneur.

1783 I 12

Item, fut passé en plus que l'on doit faire renouveller le serment des bourgeois toute et quand fois qu'on installe un nouveau banneret, et comme cela n'a pas été exécuté la dernière fois on trouve à propos qu'il soit déféré à la première assemblée.

Item, l'officier de ville étant appellé pour commander les charoirs par les chefs ou autres préposés pour les ouvrages de Bourgeoisie, il doit le faire incontinent et ne point s'y refuser, comme cela est arrivé dans de certaines occasions, alléguant que quand il les a commandé une fois il n'est pas tenu d'y retourner, si dans ce cas il n'est pas obéit il en doit porter ses plaintes à Mr. le banneret.

Il doit de même point varier pour donner son suffrage et dorsenavant il doit votter après le gouverneur qui donne son suffrage après la Justice, et quand il tire les plus, il doit le faire décement et les rapporter fidellement au banneret dès qu'ils sont passés; et si c'est quelqun de ses parents pour qui l'on votte, il doit tout de suitte se retirer et de même avertir Mr. le banneret lorsqu'il apperçoit quelques parents au sujet de la personne pour qui l'on passe un plus, et l'officier n'étant point enregistré sur la liste militaire ne doit pas faire la fonction de patrouilleur, ni de jour, ni de nuit.

Item, le Sr. Gouverneur en charge a été établis pour invigiler de faire sortir de la loge tous les bois qui n'appartiennent pas à dite bourgeoisie; 2° de faire entasser par ordre les bois tant planches que poutres anussellés[1]; 3° ne retirer aucun bois des particulier; 4° lorsqu'il aura quelques ouvrages à faire, ledit gouverneur devra lui-même livrer les bois convenables et aura soin de ne pas choisir le plus beau pour les moindres ouvrages, il devra au contraire les conserver autant que possible; il devra avoir la clef et ne le remettre à personne; 5° l'on fera deffence aux particuliers de ne point embarasser autour de dite loge afin que l'on puisse y placer les bois de la bourgeoisie jusqu'à qu'ils soyent assez sec pour être caché. D'ailleurs ledit gouverneur aura pour ce une gratification suivant sa peine.

Item, connu que le gouverneur, dans un cas pressant, pourra . . .[2] quelques particuliers de bois, en avertissant le prud'hommie ou la Bourgeoisie si le cas ne pas tout à fait pressant.

Arch. de Bulle, M. B. vol. V (non paginé).

## 160. Messagerie.

1789 XI 21.

Fut passé en plus que celuy qui sera agréé par dite noble Bourgeoisie pour remplir le poste de messager de Vevey prendra demi batz par lettre; et qu'ensuitte il sera libre de faire marché pour les chargements à tel prix qui luy conviendra; pourra en outre porter les armes de la ville, sans cependant que dite noble Bourgeoisie ne soye en rien responsable dudit employ.

Arch. de Bulle, M. B. vol. VI (non paginé).

## 161. Bouchons ou tavernes.

1790 II 25.

Nous l'avoyer, petit et grand conseil de la ville et république de Fribourg, | savoir faisons à tous qu'il appartiendra que nos chers et féaux les nobles et bourgeois de notre ville de Bulle nous ayant très humblement fait | représenter par leurs commis que depuis un laps de tems considérable ils auroient eû en usage et accoutumé de constituer et établir des bouchons en la | dite ville pour la commodité et avantage du public, avec prière à ce qu'il nous plût, par un effet de notre faveur et par grace spéciale, leur confirmer et |

[1] *pour* amoncelés?

[2] *un mot illisible.*

accorder la continuation de cet usage et coutume etc. Nous, inclinés à favoriser nos dits chers et féaux, et désirants singulièrement leur manifester les | sentimens de bienveillance, dont nous sommes animés envers eux, ainsi que notre juste contentement et satisfaction sur le zèle qu'ils marquent dans | l'administration et emploi de leurs deniers publiques, de même que sur leur industrie et activité à procurer l'avantage et l'embellissement de notre | dite ville et de la rendre florissante par son commerce, nous nous sommes déterminés avec plaisir, en confirmation et continuation de cet usage et coutume,| de leur accorder et concéder, comme en vertu des présentes leur accordons, concédons et octroyons, de pouvoir ultérieurement, comme du passé, constituer et | établir dans l'enceinte de notre dite ville des bouchons soit tavernes pour la commodité et utilité du public, au nombre de huit y compris les deux actuellement | existants hors de la ville près du marché aux cheveaux et bêtes à corne, que nous voulons bien laisser subsister pour aussi longtems qu'il seront tenus par | ceux à qui ils ont été accordés, mais que devenants vacants ou être retirés par la noble et honorable bourgeoisie, devront être transférés dans la ville.| Lesquels bouchons soit tavernes pourront, comme il a été usité du passé, servir à ceux qui s'y rendront du vin, du pain et du fromage et non autre chose, | et ne pourront loger, hors dans les tems de foire, ainsi que tous autres bouchons; dans l'intention toutefois que le droit de tenir ainsi bouchons soit tavernes | ne sera jamais attaché aux maisons, mais pourra être accordé et retiré par la noble et honorable bourgeoisie à volonté, et que les dits bouchons soit | tavernes continueront à payer, comme du passé, l'omgeld au même taux que les cabartiers, et qu'ils se conformeront exactement et fidellement à tous les | règlemens et ordonnances qu'il nous a plût et qu'il nous plaira faire et émaner dans la suite pour l'observation de la police. En foi et témoignage | de quoi nous avons fait délivrer les présentes munies de notre sceau accoutumé et signées par notre secrétaire d'Etat. Donné en l'assemblée de | notre grand conseil tenue le vingt-cinq février mil sept cent quatre vingt dix. 1790.

J. Werro.

*Original:* parch. 48/28,5 cm.; Arch. de Bulle, A nº 50, tiroir E nº 12.
*Sceau:* détruit.
*Transcription:* Arch. d'Etat, Fribourg, R. E. vol. 36 p. 510.
*Copie:* Arch. de Bulle, M. B. vol. VI in fine.

## 162. Adjonction au serment du gouverneur[1].

1791 XII 7.

Les sieurs gouverneurs ne pourront d'ors en avant faire dresser les minutes de leurs comptes par des habitants et forains, mais seulement par des bourgeois qui ont droit de fréquenter les assemblées de bourgeoisie. Passé par connoissance du 7 décembre 1791.

Arch. de Bulle, Livres des serments p. 109.

## 163. Adjonction au serment de l'hospitalier[2].

1791 XII 7.

Les sieurs recteurs du charitable hopital ne devront dorénavant faire dresser les minutes de leurs comptes que par des bourgeois qui ont droit de fréquenter les assemblées de bourgeoisie. Passé par connoissance du 7 décembre 1791.

Arch. de Bulle, Livre des serments p. 136.

---

[1] *Voir ce serment, ci-dessus n⁰ 84.*

[2] *Voir ce serment, ci-dessus n⁰ 91.*

# Répertoire.

*Abréviations:* c. = canton; can. = canonicus; ch. = chanoine; com. = commune; d. = district; dép. = département; dom. = dominus.

## A.

## B.

# C.

# D.

## E.

## G.

## H.



## I.

## J.



## K.



## L.

## M.

## N.



## O.

# P.

## Q.



## R.

## S.

## T.



## U.



## V.

## W.

## Errata et corrigenda.

Pages

24[23] *lire* decanatus, *au lieu de* decanatns.
34[14] *placer une virgule après* Coudron.
36[13] *lire* 40, *au lieu de* 49.
44[19] *supprimer* 45. *au début de la ligne.*
49[25] *lire* série, *au lieu de* sérîe.
56[16] *lire* Guillaume, *au lieu de* Guilllaume.
57[31] *lire* doibie, *au lieu de* doilie.
57[34] *lire* vne, *au lieu de* vue.
123[9] *placer un point à la fin de la ligne.*
143[30. 31] *lire* replante après son ouvrage fait, le tout pour ce qui est des achentrage; mais *etc.*